aufbau taschenbuch

AUFBAU VERLAGSGRUPPE

GERTRUD LEHNERT, ist Professorin für Allgemeine und vergleichende Literaturwissenschaft an der Universität Potsdam, mit den Arbeitsschwerpunkten Gender Studies, Modegeschichte und -theorie, Psychoanalyse und Wissenschaftsgeschichte.

Im Aufbau-Verlag erschienen ihre Essays »Mit dem Handy in der Peepshow« (1999) und »Die Leserin« (2000).

Lebensläufe außergewöhnlicher Frauen: Die Insektenforscherin Maria Sibylla Merian bereiste lange vor Humboldt Südamerika und berichtete von den Geheimnissen des fernen Kontinents. Außergewöhnliches leisteten auch Dorothea Christiane Leporin-Erxleben, eine der ersten promovierten Ärztinnen überhaupt, die Astronomin Caroline Lucretia Herschel und Emilie du Châtelet, die nicht nur die Geliebte Voltaires, sondern vor allem eine begabte Physikerin war und Newtons Werke ins Französische übersetzte. Dennoch mußte sie sich von Voltaire sagen lassen, sie sei »ein großer Mann, dessen einziger Fehler« es sei, »eine Frau zu sein«. Marie Curie entdeckte gemeinsam mit ihrem Ehemann das Radium. Während ihr Werk zweimal mit einem Nobelpreis geehrt wurde, erlitt Lise Meitner, die zusammen mit Otto Hahn die Kernspaltung erforschte, nicht nur alle Benachteiligungen einer Frau in der Wissenschaft, sondern auch die einer Jüdin im Nationalsozialismus. Bei Anna Freud war es die Beziehung zum Vater, die den Weg in die Wissenschaft ebnete. Zuvor mußte sie sich jedoch bei ihrem Vater »auf die Couch« legen. Gertrud Lehnert, selbst eine renommierte Wissenschaftlerin, erzählt von Frauen, die die Welt veränderten.

Gertrud Lehnert

Frauen,
die man kennen muß

Von Maria Sibylla Merian
bis Anna Freud

Aufbau Taschenbuch Verlag

Mit 7 Abbildungen (© Picture Alliance)

ISBN-10: 3-7466-2307-3
ISBN-13: 978-3-7466-2307-8

1. Auflage 2006
© Aufbau Taschenbuch Verlag GmbH, Berlin 2006
Umschlaggestaltung Preuße & Hülpüsch Grafik Design
unter Verwendung einer Illustration von Maria Sibylla Merian
und eines Portraits der Künstlerin, AKG-images
Druck und Binden Ebner & Spiegel Ulm
Printed in Germany

www.aufbau-taschenbuch.de

INHALT

»Das Weib ist nämlich nicht nur karger mit Geistesgaben versehen als der Mann, sondern sie büßt sie auch viel rascher wieder ein. (...) Übermäßige Gehirntätigkeit macht das Weib nicht nur verkehrt, sondern auch krank.« So der Arzt Julius Möbius in seiner berühmt-berüchtigten Abhandlung über den »physiologischen Schwachsinn des Weibes« 1903. Was heute nur noch komisch klingt, war damals ernst gemeint; ähnliche Vorurteile gegen die intellektuelle »Minderwertigkeit« von Frauen finden sich in der europäischen Kultur seit dem Mittelalter immer wieder. Jedoch wurde der Ausschluß von Frauen aus der Gelehrsamkeit nicht in allen Zeiten so extrem praktiziert wie im 19. Jahrhundert: Die mittelalterlichen Klöster etwa waren Orte, in denen (privilegierten) Frauen Bildung vermittelt wurde. In der italienischen Renaissance gab es überaus gelehrte Frauen, die hoch angesehen waren; und in der äußerst gebildeten französischen Salonkultur des 17. Jahrhunderts gaben Frauen den Ton an. Dennoch hatten Frauen lange Zeit keinen Zugang zu den offiziellen Bildungsinstitutionen. Weder die wissenschaftlichen Akademien, die im 17. Jahrhundert in ganz Europa gegründet wurden, noch die Universitäten nahmen Frauen auf. Erst im 19. Jahrhundert erhielten Frauen in den USA und in einigen Ländern Europas als Studierende Zugang zu Universitäten, in vielen Ländern – unter anderem in Deutschland – mußten sie noch bis zum

Beginn des 20. Jahrhunderts darauf warten. Die Hochschullehrerkarriere stand ihnen noch später offen: In Deutschland wurde 1923 die erste Frau auf einen Lehrstuhl berufen. Heute sind ungefähr neun Prozent aller Professuren an deutschen Hochschulen von Frauen besetzt.[1] Ein Buch über gelehrte Frauen von der frühen Neuzeit bis zum Beginn des 20. Jahrhunderts hat also durchaus eine gegenwartsbezogene Relevanz, denn es zeigt die Wurzeln der heute noch bestehenden, wenn auch gern geleugneten oder ignorierten Unterrepräsentanz von Frauen in bestimmten – in diesem Fall den akademischen – Berufen auf.

Ungeachtet der apodiktischen Dekrete gegen den weiblichen Intellekt haben einzelne Frauen es im Laufe der Geschichte immer wieder geschafft, ihre überragenden Geistesgaben unter Beweis zu stellen und ihr Leben der Gelehrsamkeit beziehungsweise der Wissenschaft zu widmen. Sie wurden zu ihrer Zeit als Ausnahmen angesehen, womit man vermied, das herrschende Wertesystem in Frage zu stellen: Eine Ausnahme bedroht nicht die Regel. Und die Regel war: Wissenschaft war eine Sache der Männer, denn Männer galten als körperlich und folglich auch intellektuell überlegen. Frauen wurden hingegen aufgrund ihrer körperlichen Ausstattung ebenso wie aufgrund ihrer damit angeblich zusammenhängenden andersartigen Intelligenz als minderwertig betrachtet.

In den letzten zweieinhalb Jahrzehnten haben unter anderem die Studien Londa Schiebingers, Evelyn Fox Kellers, Carolyn Merchants, Donna Haraways und Elvira Scheichs gezeigt, in welch umfassendem Sinne die Wissenschaft in Europa eine Männerdomäne gewesen ist.[2] Das polare Geschlechterparadigma mit seinen impliziten Hierarchien strukturierte auch die Wissenschaft selbst:

Wissenschaft wurde als männlich, die Natur hingegen, die von der männlichen Wissenschaft »bezwungen« wurde, als weiblich definiert. Der Ausschluß realer Frauen aus dem Praktizieren der Wissenschaft erscheint vor diesem Hintergrund nur als konsequent. Darüber hinaus ist es ein fortwährendes Anliegen der Wissenschaften gewesen, die »Natur« der beiden Geschlechter und ihres Verhältnisses zueinander zu bestimmen – mit den Mitteln der Medizin, der Anatomie, der Philosophie, der Theologie und so fort.

Um die Frauen, denen es trotz alledem gelang, eine fundierte Ausbildung zu erhalten und als Wissenschaftlerinnen zu arbeiten, geht es in meinem Buch, um die Frage, warum sie Ausnahmen blieben, und umgekehrt auch darum, wie unter wechselnden historischen Bedingungen solche Ausnahmen überhaupt möglich waren. Wie kann eine Frau in einer Kultur, die Wissenschaft als männlich definiert, die also Frauen per definitionem ausschließt, trotzdem zur Wissenschaftlerin werden? Welche innere Kraft befähigt sie, entgegen den dominanten Geschlechterdiskursen ihrer Zeit zu handeln und sich den mit diesem Regelverstoß einhergehenden Sanktionen – wozu das Verdikt zählte, keine »richtige Frau« zu sein – auszusetzen? Welche sowohl persönlichen als auch gesellschaftlichen Umstände verhalfen ihr dazu? Die meisten dieser Frauen genossen männliche Unterstützung: Caroline Herschel etwa lernte die Astronomie von ihrem Bruder, Dorothea Leporin wurde von ihrem Vater zur Ärztin ausgebildet. Solch männliche Hilfestellung war eher die Regel als die Ausnahme, aber sie konnte wiederum zum Hindernis werden. Caroline Herschel durfte ihre Arbeit nur als Hilfskraft für ihren Bruder ausüben und auch das nur so lange, wie es diesem genehm war. Als er heiratete, mußte sie sein Haus verlassen und ihre wissenschaftliche Arbeit einschränken. Andere Frauen wurden von vornherein an ihrer wissenschaftlichen Betätigung gehindert und mußten sich ganz allein, gegen die Widerstände ihrer gesamten Umgebung, den Weg zur Bildung freischaufeln.

Wie läßt sich das komplizierte Geflecht von Hilfe und Behinderung, von widerstreitenden Motivationen und Einflüssen in den verschiedenen Fällen auflösen? Wiederholt sich etwa das Vater-Tochter-Verhältnis, das vielen solcher Karrieren zugrunde liegt, in der Struktur der Wissenschaft selbst? Das Beispiel Anna Freud nimmt in diesem Zusammenhang eine Schlüsselstellung ein, ihre Biographie scheint paradigmatischen Charakters: Ausgebildet durch ihren Vater, erst seine lebenslängliche Mitarbeiterin und dann seine Erbin, entwickelt sie seine Theorie weiter – eine Theorie, die, verkürzt gesagt, Frauen nur als Töchter von Vätern definiert.

Wie standen dagegen die Geschlechtsgenossinnen zu der außergewöhnlichen Tätigkeit der Wissenschaftlerinnen? Wie beurteilten die Wissenschaftlerinnen selbst ihre Ausnahmeexistenz? Zogen sie daraus Schlüsse auf die Brüchigkeit der Geschlechterordnung, hatten sie ein wie immer geartetes »feministisches« Interesse avant la lettre, oder sahen sie sich selbst als herausragende Sonderfälle, die keinerlei Interesse daran hatten, von anderen Frauen nachgeahmt zu werden? Insofern stellt sich zugleich die Frage, ob sich eine – offiziell weitgehend unbeachtete – Tradition weiblicher Wissenschaftlerinnen entwickelt hat oder ob jede einzelne wieder bei Null anfing. Was bedeutet überhaupt »Wissenschaft« vom 17. bis zum 20. Jahrhundert?

Bei der Auswahl der exemplarisch behandelten Frauen

wurde darauf geachtet, daß möglichst unterschiedliche Wissenschaften zur Sprache kommen. Der behandelte Zeitraum ergibt sich logisch aus der Wissenschaftsgeschichte selbst: Die mittelalterliche Wissenschaft war noch etwas ganz anderes als die moderne Wissenschaft, wie wir sie verstehen, und der Wechsel vom einen zum anderen Wissensbegriff begann im 16./17. Jahrhundert. Dieser Übergang soll im folgenden Kapitel kurz skizziert werden, um die Rahmenbedingungen für die Lebensabrisse abzustecken, die anschließend der Chronologie nach aufeinanderfolgen.

Zur Geschichte der Wissenschaft

»Wissenschaft« ist ein schillernder Begriff. Wenn Maria Sibylla Merian im 17. Jahrhundert Insekten sammelte, züchtete und detailgetreu zeichnete, steckte dahinter eine ganz andere Auffassung von Wissenschaft, als wenn Dorothea Leporin im 18. Jahrhundert als Ärztin promovierte, Emilie du Châtelet sich mit der Physik Newtons auseinandersetzte oder Lise Meitner im 20. Jahrhundert die Kernspaltung entdeckte. Andere Gegenstände, andere Verfahrensweisen, andere Ziele, so lassen sich die Unterschiede zunächst charakterisieren. Was uns heute selbstverständlich ist – die empirische Überprüfung von theoretischen Annahmen, zum Beispiel im Rahmen des Experiments –, gehört zur neuzeitlichen Wissenschaft und hat seine Wurzeln in der Renaissance. Die mittelalterliche Gelehrsamkeit kannte diese Verfahren noch nicht. Sie setzte sich, vereinfacht gesagt, mit den Schriften der antiken und mittelalterlichen Autoritäten auseinander, um deren Richtigkeit oder Falschheit mittels kluger Argumente zu erweisen und gegebenenfalls neue Theorien aufzustellen. Dabei wurden die Aussagen der einzelnen Gelehrten zu den jeweiligen Themen ausführlich wiedergegeben, die Argumente sorgfältig gegeneinander abgewogen, und in keinem Fall durften die Wahrheiten der Religion, verkörpert durch die Autorität der Kirche, verletzt werden, denn sie galten als absolut. Die auf die Lehre des Aristoteles zurückgehende Scholastik war das dominante Denkgebäude des Mittelalters, das erst im 14. Jahrhundert an Einfluß verlor. Sie umfaßte alle Bereiche des Wissens und hatte zum Ziel, die Wahrheit zu erforschen; ein praktischer Nutzen für die konkrete Lebensgestaltung war damit jedoch nicht verbunden. Wissenschaft (der Begriff wurde damals nicht verwendet, er stammt aus dem 19. Jahrhundert) war etwas für Eingeweihte; sie bediente sich einer nicht allgemein verständlichen (oft auch einer poetischen) Sprache und setzte sich scharf von praktischen Tätigkeiten wie dem Handwerk ab.

Was es bedeutete, mit dem kirchlichen Weltbild in Konflikt zu geraten, hat Galileo Galilei noch im 17. Jahrhundert erfahren müssen, als er durch die Inquisition zum Widerruf seiner auf Kopernikus basierenden neuen Astronomie gezwungen und verurteilt wurde. Die Kirche war der Ansicht, es widerspreche den Aussagen der Bibel, zu behaupten, nicht die Erde, sondern die Sonne bilde den Mittelpunkt des Weltalls, um den sich die Planeten einschließlich der Erde drehen; Galileis wissenschaftliche Forschungen wurden für falsch und außerdem häretisch erklärt. René Descartes zog daraufhin fertige Manuskripte von der bereits geplanten Veröffentlichung zurück und war zeitlebens bemüht, seine bahnbrechenden Erkenntnistheorien in einer Form zu publizieren, die ihn nicht in Widerspruch zu den religiösen Autoritäten brachte.

Natürlich waren die Menschen damals nicht dümmer oder ungebildeter als die Menschen der Aufklärung oder wir heute, im Gegenteil. Allerdings waren die Erkenntnisinteressen vollkommen andere, ebenso wie das, was wir heute Weltanschauung nennen. Ohne Zweifel wollten die Gelehrten auch damals möglichst viel über die

Welt erfahren, in der sie lebten, aber diese Welt war eine andere: ein sinnvolles, zusammenhängendes Ganzes, in dem alle Teile miteinander verbunden waren und alles auf die Weisheit und Güte Gottes verwies. Erkenntnis war folglich niemals Selbstzweck oder Mittel, den technischen Fortschritt zu gewährleisten, sondern sie war immer göttlichen Ursprungs. Gott hatte das Buch der Welt – eine damals sehr geläufige Metapher – geschrieben, und Aufgabe der Gelehrten war es, dieses Buch zu entziffern. An den Universitäten, die zwischen dem 12. und 14. Jahrhundert in Europa entstanden, wurden die Septes Artes Liberales gelehrt: das Quatrivium (Arithmetik, Geometrie, Musik, Astronomie) und das Trivium (Grammatik, Rhetorik und Dialektik). Es handelte sich dabei um – im weitesten Sinne – abstrakte Disziplinen. Im Laufe der Zeit wurden zusätzlich Philosophie und Theologie immer wichtiger. Das, was wir heute Naturwissenschaften nennen, spielte – nicht zuletzt aufgrund seines praktischen Nutzens und seiner Nähe zum Handwerk – keine herausragende Rolle, auch wenn man sich selbstverständlich mit der Natur befaßte. Zu den Wissenschaften im engeren Sinne des Mittelalters, also dem, was an den Universitäten gelehrt wurde, zählte indessen nur die Astronomie, später durchaus auch die Medizin. Die Naturwissenschaften entstanden tatsächlich, wie Paolo Rossi schreibt, im Laufe des 17. Jahrhunderts außerhalb und oft im Widerstreit mit den Universitäten. Gelehrsamkeit war eine freie Tätigkeit, die genügend Willenskraft, Wissensdurst und vor allem finanzielle Mittel erforderte, denn es gab keine Stiftungen oder andere Institutionen, die Stipendien oder sonstige Fördermittel gewährten. Allenfalls private Mäzene unterstützten außer Künstlern zuweilen auch Wissenschaftler. Weise Frauen und auch Nonnen wußten viel über die Heilkraft der Kräuter; die Klöster waren gerade für Frauen Horte der Gelehrsamkeit und des Wissens (wenn auch nicht der Wissenschaft im akademischen Sinne) – es sei nur an Hildegard von Bingen erinnert, deren medizinische Kenntnisse in jüngster Zeit wieder gewürdigt werden. Die Kochkunst galt als Bestandteil der Medizin (und kann als Vorläufer der modernen Chemie betrachtet werden). Im Mittelalter betrieb man noch keine anatomischen Studien; das Wissen über den Körper ergab sich aus den Erfahrungen des Alltags und aus den Schriften der Philosophen und Mediziner seit der Antike.

Der Paradigmenwechsel in der europäischen Wissenschaft vollzog sich im Laufe des 17. Jahrhunderts. Neue Ideen und Verfahrensweisen kamen auf, und zugleich behielten alte Formen des Wissens und der Wissensvermittlung noch lange ihre Gültigkeit.

Der bedeutendste erkenntnistheoretische Faktor innerhalb der wissenschaftlichen Revolution im 17. Jahrhundert war wohl der Verlust des theologischen Absolutheitsanspruchs. Das heißt nicht, daß man im 17. Jahrhundert bereits eine Wissenschaft außerhalb der Religion hätte betreiben können (oder wollen). Der Glaube blieb vorerst noch der Bezugsrahmen, innerhalb dessen das menschliche Leben und Wissen verankert waren, und Gott war nach wie vor die letzte Erklärungsinstanz für alle Phänomene der Welt. Aber man begann, diese Welt mit anderen, nicht mehr nur theologischen Augen zu sehen. Nikolaus Kopernikus (1473–1543) erkannte, daß die Erde nicht der ruhende Mittelpunkt des Universums ist, sondern daß sie sich dreht, und zwar um die Sonne (»De revolutionibus orbium coelestium«, 1543). Andreas Vesalius (»De humani corporis fabrica«, ebenfalls 1543) revolutionierte das Bild des menschlichen Körpers und beendete damit die jahrhundertelange Herrschaft der Galenischen Medizin. Galileo Galilei erkannte 1609 mit Hilfe eines Fernrohrs, daß die Mondoberfläche nicht glatt und vollkommen ist, wie man bisher angenommen hatte, sondern rauh und uneben wie die der Erde. Außerdem entdeckte er die Jupitermonde und ihre Bewegung und begründete damit ein neues astronomisches Denken (»Sidereus Nuncius«, 1610). Die von Kolumbus und Magellan entdeckten neuen Weltteile wurden immer besser erforscht und einem breiteren Publikum bekanntgemacht.

René Descartes (1596–1650) entwickelte eine bahnbrechende neue Theorie der Erkenntnis und der menschlichen Subjektivität, die auf den Punkt brachte, was seine Zeitgenossen bewegte, und die gleichzeitig den Weg für das zukünftige Denken bereitete. In seinem »Discours de la méthode« (1637) formulierte er den berühmten Satz »Cogito ergo sum« – »Ich denke, also bin ich.« Auf der Suche nach absoluter, nicht mehr bezweifelbarer Erkenntnis besinnt sich der Mensch hier auf seine eigene Vernunft; und während er alle Phänomene der materiellen Welt bezweifeln kann, ist allein die Tatsache seines Denkens unbezweifelbar und wird so zur Quelle jeglicher Erkenntnis von Wahrheit. Wahrheit war für Descartes weniger die Erkenntnis Gottes (der nach wie vor als Ursprung der Dinge vorausgesetzt wird) als vielmehr das Begreifen der Ordnung der Natur, die für den Menschen nutzbar gemacht werden sollte. Wissen war nicht mehr einigen Eingeweihten vorbehalten und von Autoritäten oder Offenbarungen abhängig, sondern grundsätzlich allen Menschen zugänglich, denn jeder Mensch verfügt über Vernunft (nur die Ausbildung variiert, je nach sozialem Status). Das war eine der wichtigsten Neuerungen gegenüber der tendenziell hermetischen Wissenschaft der vorangegangenen Jahrhunderte. Damit hing ein weiterer revolutionärer Aspekt zusammen: Descartes leitete die Trennung des Denkens (des Geistes) vom Materiellen (dem Körper) ein, die für die Wissenschaft der folgenden Jahrhunderte so wesentlich werden sollte. Der Körper beziehungsweise die Materie wurde zum Objekt der Untersuchung durch das Subjekt, das ein geistiges ist.

Mit diesen epistemologischen Wandlungen einher ging eine Neu-, das heißt Höherbewertung der Praxis, also der praxisbezogenen Künste und Wissensgebiete. Das Handwerk war im Mittelalter ein deutlich von den Wissenschaften getrennter Bereich gewesen. Es gewann im Laufe des 16. und 17. Jahrhunderts größere Bedeutung, weil man anfing, empirisch und experimentell zu arbeiten, und zu diesem Zweck zunehmend mehr und komplexeres technisches Gerät benötigte, da es nicht mehr genügte, sich auf das Auge zu verlassen. Die Gegenstände, mit denen man arbeiten wollte, mußte man also erst einmal herstellen. Und so gehörte beispielsweise neben der Beobachtung der Sterne das Entwerfen und Bauen technisch-optischer Geräte, die dieses überhaupt erst ermöglichen, zu den wichtigsten Aufgaben eines Astronomen; Caroline Herschel und ihr Bruder verbrachten sehr viel Zeit damit. Auch die Darstellung dessen, was man erforschte, gehörte zur Wissenschaft unmittelbar hinzu: Maria Sibylla Merian etwa wäre nicht die große Wissenschaftlerin, als die sie heute gilt, wenn sie nicht so wunderbar hätte zeichnen können, was sie in heimischen Gefilden ebenso wie auf ihren Reisen beobachtete. Denn die Darstellung war nicht bloßes Beiwerk der Beschreibungen, sie galt als integraler Bestandteil der Erforschung der Dinge. Hier sind die Grenzen zwischen Handwerk und Kunst fließend, wenn auch Merians Zeichnungen eher in den Bereich des (Kunst-)Handwerks gehören mögen. Kunst und Wissenschaft aber waren im Mittelalter keineswegs klar voneinander zu trennen, und das blieb bis weit ins 17. Jahrhundert so. Erst langsam trennte sich die poetische von der wissenschaftlichen Sprache, wie Londa Schiebinger überzeugend nachgewiesen hat.

Der Wissenschaftstheoretiker Thomas Kuhn hat gezeigt, daß wissenschaftliche Veränderungen sich nicht notwendigerweise dann vollziehen, wenn alte Irrtümer erkannt werden oder sich neue Erkenntnisse einstellen, sondern dann, wenn sozusagen die Zeit reif dafür ist, das heißt, wenn genügend Menschen, aus welchen Gründen auch immer (sozialen, politischen etc.), ein Interesse daran haben, daß neue Theorien oder Paradigmen sich durchsetzen. Es ist also nicht die Richtigkeit neuer Theorien oder ein objektiver Wissenszuwachs, der über wissenschaftliche Revolutionen oder Evolutionen bestimmt, vielmehr ist Wissenschaft immer eingebettet in soziale, politische, mentalitätsgeschichtliche, kurz: allgemein kulturelle Kontexte. Dementsprechend interessengeleitet ist die Wissenschaft auch – von objektiver Wissenschaft, die nur Fakten berücksichtigte, kann keine Rede sein. Die Auswahl der Fakten ist abhängig von der Person, die auswählt, von dem Umfeld, in dem diese lebt und sozialisiert ist, von den Wahrnehmungsmustern und Interessen der Kultur, die sie prägt. Wir sehen tatsächlich nur, was wir wissen. Die Geschichte der Geschlechtertheorien, wie Thomas Laqueur sie nachgezeichnet hat, bietet dafür eines der aufschlußreichsten Beispiele. Jahrhundertelang war die Medizin der Ansicht, die weiblichen Geschlechtsorgane seien prinzipiell die gleichen wie die männlichen, sie seien jedoch innerhalb des Körpers geblieben, während die männlichen außen lägen. Anatomische Zeichnungen stellen die menschlichen Körper entsprechend dar: man *sah* sie so, weil man *wußte*, daß sie so *waren*. Es dauerte lange, bis sich eine andere Auffassung durchsetzte, das heißt, bis man etwas anderes zu sehen vermochte, das unserem heutigen Verständnis der menschlichen Anatomie – das natürlich auch nicht objektiv ist – näher kommt. Wenn die einflußreiche Gender-Theoretikerin Judith Butler die These aufstellt, daß das biologische Geschlecht nur ein Effekt des sozialen Geschlechts sei, leugnet sie damit nicht, daß es so etwas wie Anatomie gibt. Sie verdeutlicht vielmehr, daß wir die Phänomene der Natur niemals objektiv, »an sich«, wahrnehmen können, sondern daß wir ihnen immer eine Bedeutung beimessen: Unsere Wahrnehmung ist notwendigerweise kulturell geprägt. Und so mag es zwar unterschiedliche menschliche Körper geben, aber erst die Kultur verleiht ihnen eine Bedeutung, behauptet, daß es nur zwei Geschlechter gebe, und macht aus der Polarität der Geschlechter eines der wichtigsten Unterscheidungskriterien des Menschen.

Allerdings änderten sich die Definitionen von Weiblichkeit und Männlichkeit im Laufe der Jahrhunderte erheblich. Die antike und die mittelalterliche Medizin betrachtete das Geschlecht als Folge einer unterschiedlichen Zusammensetzung von Hitze und Feuchtigkeit; es war die größere Hitze, die bei den Männern die Geschlechtsorgane aus dem Körper heraustrieb, während sie bei den Frauen mangels Hitze im Körper blieben. Die Gebärmutter wurde als nach innen gestülpter Penis wahrgenommen, die Eierstöcke als Skrotum. Da Frauen somit gewissermaßen im unfertigen Zustand verharrten, galten sie als weniger vollkommen, gleichsam als defiziente Männer. Der Geschlechtsunterschied war eher als ein sozialer definiert, und der biologische Geschlechtsunterschied kam hinzu, um den sozialen zu bekräftigen, wie Thomas Laqueur ausführt. Im 18. Jahrhundert setzte sich die Überzeugung durch, Frauen und Männer seien körperlich und seelisch grundsätzlich verschieden und hätten folglich unterschiedliche Körper und Geschlechtsorgane. Zu diesem Zeitpunkt erst wurde das Geschlecht zum entscheidenden Wesensmerkmal und zum Unterscheidungskriterium schlechthin.

Wissenschaft und Geschlecht sind aufs engste miteinander verknüpft: Die Wissenschaft legt fest, was Geschlecht ist oder sein soll und wie Frauen und Männer zu definieren sind, und sie leitet daraus letzten Endes ihre eigene Struktur und ihre Forschungsgegenstände ab. Da Männer als das aktive Geschlecht definiert werden, sind sie auch diejenigen, die die Welt untersuchen und schließlich sogar beherrschen, während das »schwächere«, das »passive« weibliche Geschlecht sich eher zum Gegenstand der Untersuchung eignet. Carolyn Merchant hat analysiert, wie sich die Auffassung von der Natur im Laufe der Renaissance änderte: Von der respektgebietenden nährenden Mutter, einem lebendigen Organismus, wurde sie zur leblosen Maschine, die die Menschen mit Hilfe von Wissenschaft und Technik beherrschen und ausbeuten, was wiederum durch die Philosophie gerechtfertigt beziehungsweise überhaupt erst vorbereitet wurde. Nach Merchants Auffassung funktionierte das Bild der nährenden Mutter als kulturelle Handlungshemmung, während die Vorstellung von der

Natur als einer leblosen Maschine diese außer Kraft gesetzt und statt dessen das aggressive Potential zur hemmungslosen und rücksichtslosen Ausbeutung freigesetzt habe. Das kulturelle Frauenbild und die Vorstellung von der Natur seien eng verknüpft, und so bliebe das eine nicht ohne Auswirkungen auf das andere. Paolo Rossis Darstellung differenziert dieses Bild ein wenig: »Für Bacon und Boyle, ebenso wie für Galilei, Descartes, Kepler, Leibniz und Newton, sind der menschliche Wille und der Wunsch nach Beherrschung der Natur nicht das oberste Prinzip. Die Natur ist gleichzeitig Gegenstand der Beherrschung und der Ehrerbietung. Sie ist zu ›quälen‹ und dem Menschen dienstbar zu machen, aber sie ist auch ›das Buch Gottes‹, das in Demut zu lesen ist.«[1]

Aber zweifellos wurde in den folgenden Jahrhunderten zunehmend das Beherrschen und Ausbeuten der Natur der wesentlichere Aspekt der Naturwissenschaften, und diejenigen, die das taten, waren die Wissenschaftler und Techniker. Je mehr die Natur zum rein materiellen Objekt wurde, desto mehr Macht erlangten die Subjekte, die immer autonomer über das Objekt verfügten. Immer polarer wurde auch der Gegensatz der Geschlechter, die sich nun nicht mehr zu ähneln, sondern zwei verschiedenen Seinskategorien anzugehören scheinen, und immer stärker prägte sich eine Gleichsetzung des Weiblichen mit dem Naturhaften aus, die in den Geschlechterkonzepten des späten 18. und des 19. Jahrhunderts geradezu programmatisch wurde. Frauen galten im Gegensatz zu den kulturschaffenden und -tragenden Männern als eher der Natur zugehörig; sie scheinen den Kindern ähnlicher als den Männern; später kam noch die Gleichsetzung mit den damals sogenannten »Primitiven« hinzu. Die Verwandtschaft von Kindern, Primitiven und

Frauen bewies man mit – beispielsweise – anatomischen Untersuchungen: Die Skelette, das Verhältnis der Gliedmaßen und des Kopfes zueinander, die Größe des Hirns seien unter diesen Gruppen ähnlicher, als wenn man sie mit dem idealtypischen weißen Mann vergleiche. Damit war mit den Mitteln der modernen Wissenschaft die absolute Überlegenheit der Männer über die Frauen erwiesen. Wie interessengeleitet diese Wissenschaft war, welche Strategien sie einsetzte, um zu den gewünschten Ergebnissen zu gelangen, haben unter anderen Londa Schiebinger und Evelyn Fox Keller in mehreren Studien eindrucksvoll nachgewiesen.

Daß diese »kindhaften« Frauen keine Wissenschaftlerinnen sein konnten, liegt auf der Hand, ebenso daß ihre wilde Natur domestiziert und diszipliniert werden mußte. Sigmund Freuds berühmtes Diktum von den Frauen als dem dunklen Kontinent und sein Stoßseufzer »Was will das Weib?« legten Zeugnis ab von der (einseitigen und oft phantasiegeleiteten) Bemühung der männlichen Wissenschaft um das unbekannte Objekt Frau. Virginia Woolf erkannte Ähnliches für Künstlerinnen und Schriftstellerinnen. In »Ein Zimmer für sich allein« analysierte sie die Objekthaftigkeit der Frauen in der Kunst. Kunst und Literatur, so schrieb sie, seien voller fiktionaler Frauengestalten; suche man aber eine reale Autorin (oder auch, wie sie anmerkt, eine Wissenschaftlerin), so werde man mitnichten fündig werden. Schreiben, forschen – das sei Sache der Männer, die mit mannigfachen Gründen den Ausschluß von Frauen aus den wichtigen kulturellen Aktivitäten betrieben, um die Macht des Autors und des Forschers für ihr Geschlecht zu reservieren. Den Frauen bleibe die Rolle des Bildes, des Objekts vorbehalten.

Der jahrhundertelange Ausschluß von Frauen aus der Kultur geschah keineswegs ausschließlich durch offene politisch-soziale Unterdrückung der weniger Mächtigen durch die Mächtigeren, sondern viel raffinierter: Die Trennung wurde in die Wissenschaften selbst eingeschrieben. Frauen wurden nicht einfach ausgeschlossen, weil jemand sich um Haushalt und Kinder kümmern mußte, sondern weil sie per definitionem als unfähig zu jeglicher intellektuellen Tätigkeit galten, ja, weil die Wissenschaft selbst männlich war, das Objekt der Wissenschaft hingegen weiblich – Männer sehen, Frauen werden angesehen; Männer forschen, Frauen werden erforscht. Wie sollte das Objekt sich selbst ansehen, sich selbst untersuchen? Frauen erlernten Fähigkeiten, die sie für ihr Leben als Ehefrauen und Mütter brauchten, sie lernten nicht, weil sie Wissen um seiner selbst willen erwerben und die Geheimnisse der Welt verstehen wollten. Das war nicht vorgesehen. Voltaire bedauerte mehr oder weniger ironisch, daß seine Geliebte Emilie du Châtelet kein Mann sei – Emilie du Châtelet war eine begabte Physikerin des 18. Jahrhunderts (die, was man nicht vergessen sollte, dem Adel angehörte und damit weniger Geschlechter-Restriktionen als bürgerliche Frauen unterworfen war). Nur wenn man ihr männliche Eigenschaften unterstellte, konnte eine Frau also als Wissenschaftlerin – und als Ausnahme – akzeptiert werden. Als Vorurteil hält dieser Gedanke bis heute an: »Blaustrümpfe« sind Frauen, die sich mehr für Bücher als für die Liebe interessieren; allzu erfolgreiche Frauen werden der Männlichkeit verdächtigt, und sie passen sich diesem Bild entweder an, oder sie kämpfen mit allen Mitteln darum, »trotz« ihrer beruflichen Leistungen als weiblich anerkannt zu werden. Die Psychoanalytikerin Joan Riviere hat 1928 das Konzept von »Weiblichkeit als Maskerade« entwickelt. Sie analysierte das damals neue Phänomen beruflich erfolgreicher Frauen, die *dennoch* sehr feminin waren. Riviere erklärte diese Feminität als Maskerade, die die Frauen verwendeten, um sich vor der Rache der Männer zu schützen, deren Prärogative sie sich anmaßten. In den Worten der Psychoanalyse: Die Frauen begehren den männlichen Penis (= die Macht, die darin symbolisiert wird), sie kastrieren die Männer, indem sie sich den Penis aneignen (denn es gibt immer nur einen), und sie müssen sich dann vor der Vergeltung fürchten, der sie durch anschmiegsames, flirtendes, eben hyperfeminines Gebaren aus dem Wege gehen, weil sie sich damit als erfolgreiche Frauen gewissermaßen unsichtbar machen. Diese Theorie ist nicht zufällig in den zwanziger Jahren des 20. Jahrhunderts entstanden, als Frauen erstmals in großer Zahl auf den Arbeitsmarkt drängten, sich spezielle Berufsfelder für Frauen entwickelten und auch die Ausbildungsmöglichkeiten immer besser wurden. Und sie wird auch im folgenden eine Rolle spielen, denn man kann sich fragen, ob sie nicht auf viele Frauen früherer Zeiten ebenso zutrifft – denken wir an Emilie du Châtelets zahlreiche Affären, die in ihren Augen auch ihre Weiblichkeit unter Beweis stellen mochten, und ihre weitbekannte Vorliebe für möglichst viel – viel zuviel, wie ihre Zeitgenossen meinten – Schmuck …

Im 19. Jahrhundert war die Ungleichheit der Geschlechter auf einen Tiefpunkt gekommen und stärker reglementiert denn je. Gleichzeitig setzten Bemühungen um eine bessere Schulbildung und schließlich sogar den Universitätszugang für Frauen ein, die in den 1920er Jahren erstmals weithin sichtbare Früchte trugen. Deutschland hinkte der internationalen Entwicklung einigermaßen nach, und zwar gerade aufgrund des damals fortschrittlichen, straff durchorganisierten Hochschulsystems und seines hohen Prestiges, das Frauen ausschloß.[2] Erst Ende des 19. Jahrhunderts wurden Frauen zum Studium zugelassen, zur Habilitation erst nach der Jahrhundertwende, die erste deutsche Professorin wurde 1923 ernannt. Noch heute sind aber selbst in den Geisteswissenschaften, in denen der Anteil der Frauen an den Studierenden oft weit über 50 Prozent beträgt, Professorinnen völlig unterrepräsentiert.

Die Schweiz war in Bildungsdingen das fortschrittlichste europäische Land; hier konnten Frauen bereits seit 1864 eine Universität besuchen. Viele Frauen aus ganz Europa kamen daher um die Jahrhundertwende nach Zürich, um hier zu studieren; es entstand sogar der literarische Typus der (oft russischen) Studentin, die in der Schweiz lebte und arbeitete. In den USA gab es zwar lange keine organisierte Schulbildung, die auf das Studium vorbereitete, aber man konnte mit Hilfe von Eingangsprüfungen zugelassen werden, was auch für Frauen galt. Freilich wurden Mädchen dennoch nicht ohne weiteres zu den Colleges und Universitäten zugelassen, so daß schon sehr früh die ersten Frauencolleges gegründet wurden: Mount Holyoke 1837, Vassar 1865, Radcliffe 1879 und Bryn Mawr 1885. In ihnen unterrichteten auch Frauen, selbst wenn sie nicht über einen akademischen Grad verfügten, was auch am vergleichsweise geringen finanziellen und sozialen Prestige des Hochschullehrerberufs lag. Anders als in Deutschland gab es, wie Ilse Costas schreibt, in den USA im 19. Jahrhundert keinen zwingenden Zusammenhang zwischen einer universitären Ausbildung und einem hochqualifizierten Beruf (wie dem des Arztes oder Anwalt), so daß Frauen der Zugang zur universitären Ausbildung leichter gemacht wurde, weil diese nicht explizit berufsvorbereitend war. Ähnliches gilt für England, wo Frauen seit 1878 zum Studium zugelassen wurden, allerdings nicht an den Eliteschulen und -universitäten.

Die Frauen, von denen im folgenden die Rede sein wird, haben unter den unterschiedlichsten Bedingungen gelernt und studiert. Die meisten von ihnen hatten wohlwollende Väter oder andere Mäzene, die ihnen das Studieren ermöglichten. Wissenschaftliche Frauennetzwerke gab es weder im 17. Jahrhundert, in dem Maria Sibylla Merian forschte, noch im 18. Jahrhundert der Emilie du Châtelet oder Dorothea Leporin noch gar im 19. Jahrhundert, in dem die Astronomin Caroline Herschel den Himmel erkundete, oder im frühen 20. Jahrhundert, in dem Anna Freud zu einer bedeutenden Kinderpsychologin wurde. Gelehrte Frauen waren bis weit ins 20. Jahrhundert hinein Ausnahmen, denn Wissenschaft war (inhaltlich, strukturell und institutionell) eine männliche Domäne. Es waren Männer, die über den Zugang zu ihr entschieden – ob es die leiblichen oder die geistigen Väter waren, ist dabei fast unerheblich. Eine bemerkenswerte Ausnahme bilden die beiden Curies, Mutter und Tochter, die beide den Nobelpreis erhielten.

Den persönlichen Beziehungen der Wissenschaftlerinnen und gelehrten Frauen, die immer auch den Stempel des Öffentlichen tragen, da sie gesellschaftliche Strukturen wiederholen, verfestigen oder aufbrechen, gilt demnach ein Hauptaugenmerk meiner Darstellung.

LEBENDIGE WISSENSCHAFT:

Maria Sibylla Merian
(1647–1717)

Eine Reise nach Surinam (angrenzend an Brasilien und Guyana) war für eine Frau im Jahre 1699 ein außergewöhnliches und risikoreiches Unterfangen. Maria Sibylla Merian wollte die Pflanzen, vor allem aber die Insekten jener damals exotischen Region Südamerikas nicht mehr nur als tote Präparate in Naturaliensammlungen sehen, sondern persönlich und vor allem »live« studieren. Sie wußte, wie wichtig es ist, Pflanzen und Tiere lebendig und in ständiger Entwicklung, in ihrem eigenen Lebensumfeld und innerhalb ihrer Population zu sehen, statt aus jedem Kontext herausgerissen, vereinzelt, tot, entfärbt und präpariert. Das war nicht selbstverständlich: Da man noch nicht so reisen konnte wie heute, erwarb man Wissen über exotische Gegenden gewöhnlich durch Bücher und vor allem in den naturkundlichen Sammlungen, die von Privatsammlern angelegt wurden und präparierte Insekten, Pflanzen und andere Dinge enthielten. Da diese nur noch entfernt den lebendigen Wesen ähnelten, die sie einmal waren, ließen sich daraus auch nur eingeschränkte Kenntnisse beziehen; vor allem ihre Lebensformen und die Metamorphosen, denen sie unterworfen sind (ein roter Faden im Forschen Sibylla Merians), ließen sich so gar nicht nachvollziehen. So brach Sibylla Merian 1699 mit dem Segelschiff nach Südamerika auf: Zweiundfünfzigjährig, also für damalige Verhältnisse alt, reiste sie ohne männliche Begleitung und ohne männlichen Schutz, in Gesellschaft ihrer Tochter. Reisen war damals beschwerlich und selbst für Männer gefährlich. Man kam langsam voran, von Komfort konnte keine Rede sein, man mußte die wochen- oder monatelange Reise eben aushalten und hoffen, daß man heil und unbehelligt von Wegelagerern und Piraten an seinem Ziel ankommen würde.

Sibylla Merian war von Jugend an von einem Drang nach Wissen beseelt, der sie zu einer immer professionelleren Beobachterin der Natur machte. In einer Zeit freilich, in der die Wissenschaften ausdifferenziert und institutionalisiert und damit immer mehr zu einer Domäne der Männer wurden, zählte sie nicht zu den Wissenschaftlern. In vielen Aspekten ihrer Arbeit war sie eine »Self-Made-Woman«. Im Betrieb ihres Stiefvaters lernte sie alle Techniken der Darstellung dessen, was sie erforschte. Alles andere jedoch – beobachten, klassifizieren, experimentieren – lernte sie durch die Praxis; und auch das Lateinische, damals für einen ernstzunehmenden Gelehrten unverzichtbar, soll sie sich in späteren Jahren selbst beigebracht haben. In den »Metamorphosis Insectorum Surinamensium«, dem Buch, in dem sie die Ergebnisse ihrer sensationellen Reise niederlegte, schreibt sie: »Ich habe mich von Jugend an mit der Erforschung der Insekten beschäftigt. Zunächst begann ich mit Seidenraupen in meiner Geburtstadt Frankfurt am Main. Danach stellte ich fest, daß sich aus anderen Raupen viel schönere Tag- und Eulenfalter entwickelten als aus Seidenraupen. Das veranlasste mich, alle Raupen zu sammeln, die ich finden konnte, um ihre Verwandlung zu beobachten. Ich entzog mich deshalb aller menschlichen Gesellschaft und beschäftigte mich mit diesen Untersuchungen.«[1]

Von Frankfurt am Main, wo sie im heimischen Garten

und am Wegesrand Raupen sammelte, nach Surinam, wo sie im Urwald exotische Schmetterlinge, Spinnen und anderes Getier beobachtete – das war ein weiter Weg, und dazwischen lagen viele Stationen eines ereignisreichen Lebens. Maria Sibylla Merian wurden in den letzten Jahren gleich mehrere Biographien und biographische Romane gewidmet, eine große Ausstellung über ihr Lebenswerk fand 1997 in Frankfurt am Main statt, und ihre Werke sind in modernen Nachdrucken erhältlich. Sie gilt als eine der ersten frühneuzeitlichen Insektenforscherinnen, und das Interesse an ihr speist sich nicht allein aus der Tatsache, daß sie die erste weibliche Entomologin war, sondern auch daraus, daß ihre Forschung sich sehr anschaulich in den Zeichnungen und Kupferstichen von Blumen und Insekten manifestiert, ja, daß diese Darstellungen integraler Bestandteil der Forschung selbst sind.

Maria Sibylla Merian wurde am 2. April 1647, noch während des Dreißigjährigen Krieges, der erst 1648 endete, in Frankfurt am Main geboren – in eine trostlose Welt, wie Helmut Kaiser schreibt: »Ein Menschenalter schon herrschten Kriegswirren, Pest und immer wieder Hungersnöte.«[2] Ihr Vater war der berühmte Kupferstecher und Verleger Matthäus Merian der Ältere, der mit seinen Städteansichten bekannt geworden war. Er starb 1650, und seinen Verlag erbten ihre wesentlich älteren Halbbrüder. Keines ihrer Werke veröffentlichte sie im Verlag Merian, obwohl sie sich eigentlich sehr wohl ins Programm gefügt hätten, was vermutlich auf die sofort nach dem Tod des Vaters einsetzenden Erbschaftsstreitigkeiten zwischen seinen Söhnen aus erster Ehe und der zweiten Ehefrau, der Mutter Maria Sibyllas, zurückzuführen ist. Ihr Vater hatte eine Naturgeschichte in mehreren Bänden herausgegeben, Blumenbücher, kosmographische und topographische, aber auch religiöse Werke. Die Metamorphose des Seidenspinners, der auch Maria Sibylla sich ganz besonders widmete, spielte schon in der Naturgeschichte des Arztes Jon Johnston, verlegt im Hause Merian, eine bedeutende Rolle.[3] Ihr Großvater, der Frankfurter Verleger Johann Theodor de Bry, »gab als eines der ersten Blumenbücher das ›Florilegium Novum‹ 1612 heraus, das zum Musterbuch für das ganze 17. Jahrhundert wurde und Maria Sibylla zu ihrem ›Neuen Blumenbuch‹ inspirierte«.[4]

Ein Jahr später heiratete die Witwe Merians den Maler Jacob Marrell, einen Schüler der erfolgreichen Stillebenmaler Georg Flegel und Davidsz van de Heem. Marrell war derjenige, der die junge und begabte Maria Sibylla zur Malerin und Kupferstecherin ausbildete; während seiner längeren Abwesenheiten (er hatte einen Farb- und Bilderhandel in Utrecht, der damaligen Hochburg der Stillebenmalerei) setzte sein Schüler Abraham Mignon die Unterweisung fort. Die Ölmalerei betrieb sie nicht, die blieb den Männern vorbehalten: Merian malte mit Deckfarben oder aquarellierte. Und natürlich lernte sie die Technik des Kupferstechens, damals die einzige – und ausgesprochen arbeitsaufwendige – Möglichkeit, Bilder zu vervielfältigen: Nach einer gemalten Vorlage wird das Bild mühevoll in eine Kupferplatte eingeritzt, die mit Farbe bestrichen und auf Papier gepreßt wird; heraus kommt das seitenverkehrte Bild in Schwarzweiß, das dann noch handkoloriert wurde. (Das Kolorieren fremder Werke gehörte später zu den Auftragsarbeiten, mit denen Merian ihre Reisen und ihre Bücher finanzierte.) Sie lernte, nach Vorlagen wie »nach der Natur« zu zeichnen, das heißt, genau hinzusehen, Details zu erkennen und sie exakt, doch mit ästhetischem Empfinden wiederzugeben. Man kann das als künstlerische oder als handwerkliche Ausbildung betrachten, je nach Perspektive: Beides war noch nicht so klar getrennt, und für Merian gelten sicher beide Kategorien.

Oft wird berichtet, daß die Ausbildung Sibylla Merians gegen den Willen ihrer Mutter erfolgt sei, was aber nicht weiter verwunderlich wäre. Die Mutter war eine fromme und gute Hausfrau, die sich im Alltagsgeschäft aufrieb: »Kochen, Einmachen, Lichte ziehen, Seife kochen, Spinnen, Weben, die Erziehung der Kinder, die Aufsicht über das Gesinde waren ihre Pflichten«, wie Helmut Kaiser den weiblichen Alltag anschaulich beschreibt. Ihre Tochter sollte das gleiche tun und nicht ein Handwerk lernen. Das mag sein, allerdings war es durchaus üblich, daß die Tochter einer Handwerkerfamilie in das Handwerk hineinwuchs und im Betrieb – der sich ja unter demselben Dach befand wie die private Wohnung des Meisters und seiner Familie sowie die Kammern der Gesellen und des Gesindes – mitarbeitete. Daß sie außerdem ihren hausfraulichen Pflichten nachkam, galt als selbstverständlich. Insofern rühren die Berichte über den Widerstand der Mutter möglicherweise auch nur aus späteren, gegenüber Frauen noch repressiveren Zeiten und wurden kolportiert, um die Besonderheit einer Frau zu betonen, die ihren eigenen, nicht den traditionellen Normen entsprechenden Weg ging.

Immer wieder wird auch die Geschichte erzählt, daß Maria Sibylla aus lauter Lust am Malen von Pflanzenmotiven mit etwa zehn Jahren eine wertvolle Tulpe aus dem Garten eines Grafen gestohlen habe. Damals herrschte das Tulpenfieber, Tulpen waren die große Leidenschaft vor allem in den Niederlanden, sie trieben viele Liebhaber in den Ruin, denn die Zwiebeln wurden für veritable Vermögen gehandelt. Eine wertvolle Tulpe zu stehlen war mithin kein Kavaliersdelikt; der Graf soll aber versöhnt gewesen sein, als er das Aquarell sah, das das Mädchen von seiner Blume gemalt hatte.

Außer mit dem Blumenmalen wurde die junge Frau mit dem Herstellen von Farben vertraut, mit dem Vorbereiten von Malgründen, mit der Technik des Kupferstechens und so weiter. Sie lernte all das, was zur Ausübung eines Handwerks gehörte – und was auch die Voraussetzung für wissenschaftliche Arbeit war: Man mußte sich seine Gerätschaften größtenteils selbst anfertigen, ob man nun malte oder die Sterne beobachtete.

Jacob Marrell war ein guter Stilleben- und Blumenmaler, der eine große Werkstatt betrieb; bei ihm lernte auch Andreas Graff, der trotz eines sechsjährigen Italienaufenthalts als Maler wohl eher mittelmäßig war. Eine für junge Handwerker und Künstler selbstverständliche Reise durch Europa und ein Bildungsaufenthalt in Italien, dem Mekka der Künstler, blieben einer jungen Frau verwehrt; sie lernte, was ihr zu lernen gestattet wurde, zu Hause und konnte ihre Fähigkeiten nicht in der Fremde erproben und verbessern. Ganz abgesehen von den herrschenden Vorstellungen über die unterschiedlichen Fähigkeiten und Aufgaben der Geschlechter: Wie hätte eine Frau ungefährdet allein oder auch in Begleitung durch die Welt ziehen können, wenn schon Männer auf einer einzigen Reise oft mehrmals überfallen und ausgeraubt wurden? In ihren jungen Jahren war es Sibylla Merian noch nicht möglich, sich über diese Konvention hinwegzusetzen.

Maria Sibylla Merian heiratete Andreas Graff 1665; eine Ehe, von der wir nichts wissen, weil es keinerlei private Aufzeichnungen gibt. Sibylla Merians Interesse scheint von früh an eher der Erforschung der Natur (im weiteren

Sinne) gegolten zu haben als den künstlerischen Aspekten ihrer späteren Tätigkeit. Wie sie selbst schreibt, war sie bereits als Kind an der lebendigen Umwelt interessiert. Sie wandte sich dem alltäglichen Kleingetier zu; sie sammelte Raupen und zog sie auf, fütterte sie und beobachtete, was sie fressen und was nicht, wie sie sich verpuppen und wie sich draus ein Schmetterling entwickelt (oder wie sie sterben). Sie stellte fest, daß alle Raupenarten sich nur von ganz bestimmten Pflanzen ernähren und andere verweigern, daß sie sterben, wenn man ihnen nasse Blätter vorlegt, wie lange es dauert, bis sie die Stadien ihrer Entwicklung durchlaufen haben, und so weiter. Man kann hier noch nicht wirklich von Experimenten reden, aber durchaus von Vorformen des Experiments: Eine bestimmte Versuchsanordnung, Wiederholbarkeit und das Prinzip des Trial and Error sind erkennbar.

Mit dem Paradigmenwechsel in der Wissenschaft im 17. Jahrhundert entstand nun langsam das, was wir auch heute unter Wissenschaft verstehen: Erstmals wurden genaue Beobachtungen und Analysen der Natur selbst vorgenommen, technische Hilfsmittel wie das Mikroskop (das Mitte des 17. Jahrhunderts in Holland erfunden wurde) oder Teleskop verwendet und Experimente durchgeführt. Man wandte sich dem ganz Großen (dem Himmel) und dem ganz Kleinen zu (den Insekten) und würdigte beides als Gottes Schöpfung, aber zunehmend (und das läßt sich sogar innerhalb Sibylla Merians eigenem Werk beobachten) wurde die Natur auch als solche interessant, und ihre Erforschung gewann eine säkulare Eigenständigkeit.

Zu Maria Sibyllas Aufgaben gehörte das Blumenzeichnen und -malen. Ihre erste veröffentlichte Arbeit, das »Neue Blumenbuch« (1670), diente als Stickvorlage, zielte also auf die Weiterverwertung und Umsetzung und mußte dementsprechend klar gestaltet sein. Vorlagen waren damals gang und gäbe, nicht nur für Stickarbeiten, sondern auch für die Malerei; nicht immer sind die Stilleben wirklich »nach der Natur« gemalt, sondern häufig verwendeten die Maler Vorlagen, kopierten und variierten sie – auch Merian tut das in manchen ihrer Naturdarstellungen. Das galt mitnichten als ehrenrührig – Nachahmung war lange ein ästhetisches Prinzip in Literatur und Malerei sowie in der Wissenschaft gewesen, man anerkannte die Autorität der Vorläufer und suchte es ihnen gleich zu tun, was Übernahmen einschloß. Originalität als Qualitätskriterium von Kunst und Wissenschaft zu betrachten ist eine höchst moderne Idee, die zu Merians Zeiten erst langsam aufkam.

Künstlerischen Ehrgeiz im heutigen Sinne scheint Sibylla Merian nicht besessen zu haben; ihr Biograph Dieter Kühn spekuliert darüber, ob sie von der Qualität der Malerei ihrer Zeit eingeschüchtert wurde oder ob die Malerei einfach nicht ihrem Interesse und ihrer Begabung entsprach.[5] Tatsächlich gibt es von ihrer Hand nicht nur naturkundliche Illustrationen und Vorlagen, sondern auch Blumenstilleben, die durchaus ihren Reiz haben,[6] und ihre naturkundlichen Darstellungen besitzen eine höhere ästhetische Qualität als diejenigen anderer Maler und Kupferstecher ihrer Zeit. Im wesentlichen aber dominiert in Merians Darstellungen der forschende den künstlerischen Impetus; es sind zwar wunderschöne Einzelbilder, aber eher Illustrationen auf allerhöchstem Niveau als künstlerische Kompositionen. Sie zeichnen sich durch Genauigkeit der Darstellung, größtmögliche Wiedererkennbarkeit und Vereinzelung der Gegenstände aus. Diese sind mehr oder weniger nebeneinander angeordnet, niemals überschneiden sie sich (auch nicht auf den eigenständigen Stilleben).[7] So entsteht kein Tiefeneindruck; Licht- und Schattenverhältnisse und die daraus resultierende Plastizität, wie sie auf den großen Stilleben zu sehen sind, fehlen völlig.

1670, im selben Jahr, in dem das »Neue Blumenbuch« erschien, zog Merian mit ihrem Mann und ihrer 1668 geborenen Tochter nach Nürnberg; die zweite Tochter wurde 1678 geboren. Merian trieb ihre Naturstudien voran und veröffentlichte 1679 im Verlag ihres Mannes ihr erstes Buch über Insekten, »Der Raupen wundersame Verwandlung«, einen Band mit 50 Kupferstichen und beschreibenden Texten.[8] 1683 folgte der zweite Band »Der Raupen wunderbare Verwandlung anderer Teil«. Raupen waren damals ein beliebtes Objekt der Forschung; noch nicht sehr lange war bekannt, daß Raupen aus Eiern entstehen und nicht aus Schlamm und Schmutz. Angesichts der wirtschaftlichen Bedeutung der Seide versuchte man Seidenraupen zu züchten oder Alternativen dazu zu finden, weil die Seidenraupen aufgrund ihrer einseitigen, in Europa kaum zu garantierenden Ernährung durch Maulbeerblätter nur schlecht zu halten waren.

Merian stellt die Raupen jeweils auf ihren Futterpflanzen dar. Die Kombination von Pflanzen und Insekten war nicht neu; Insekten gehörten zu Blumenstilleben wie Pflanzen zu eher naturkundlich orientierten Illustrationen von Insekten. Allerdings fehlte diesen Bildern die Exaktheit der Zuordnung der Raupe zu ihrer Futterpflanze. Schon der niederländische Maler Jan Goedaert bildete die Metamorphose von der Larve bis zum Schmetterling ab, auch das ist also keine Erfindung Merians.[9] Allerdings verschmolz erst sie das Insekten- und das Blumenstück und drehte »die konventionelle Verteilung zwischen dem Hauptmotiv und der Staffage um, so daß die Pflanze, die jetzt die zentralen Stellen der Komposition besetzt, der ehemaligen Staffage in erster Linie als Stütze dient«.[10] Merian entwickelte somit einen neuen Bildtypus, wie sie selbst im »Raupenbuch« erklärt, um die Metamorphose der Tiere nicht nur mit großer Genauigkeit, sondern auch mit dem Eindruck von Lebendigkeit darstellen zu können. Und zuweilen entscheidet sie über die Bildkomposition nach rein ästhetischen Gesichtspunkten und fügt eine Pflanze ein, die nicht etwa Futterpflanze ist, sondern rein dekorativen Zwecken dient. Die religiöse Färbung der Naturdarstellungen ist dabei deutlich sichtbar: Die Natur ist Merian Zeichen für die Allmacht und Güte Gottes, und ihre Beobachtung kann als eine Form der Andacht gelten. Heidrun Ludwig betont, daß das Verdienst Merians nicht in der Entdeckung von Neuem bestehe, sondern in der (ästhetisch gelungenen) »Verbreitung von bereits Bekanntem, also [im] Bemühen, wissenschaftliche Erkenntnis einem großen Publikum nahezubringen, um möglichst viele Menschen am Wunder der Metamorphose teilnehmen zu lassen«.[11] Sie benutzte kaum Hilfsmittel wie das Mikroskop, sondern verließ sich vorwiegend auf ihre eigene Wahrnehmung. Und Londa Schiebinger führt aus, daß Merian keine neuen Möglichkeiten der wissenschaftlichen Betätigung für Frauen eröffnete, sondern daß sie die vorhanden Möglichkeiten nach Kräften nutzte.[12]

Außer mit ihren Naturbeobachtungen und -darstellungen handelte Maria Sibylla Merian mit Farben und Stoffen, sie entwickelte wasserfeste Farben, entwarf Stick- und Zeichenvorlagen, lehrte junge Frauen das Zeichnen und Sticken (in der Jungfern Company) und bemalte Stoffe jeder Art mit den herrlichsten Blumen. So soll sie beispielsweise ein Feldherrenzelt bemalt haben. Auf diese Weise verband sie von Anfang an Kunst, Handwerk, Handel und Forschung miteinander. Ihr Leben lang war sie auf alle möglichen Geldquellen angewiesen, auch für ihre Veröffentlichungen, die sie vorfinanzieren mußte. Das tat man in der Regel, indem man Subskribenten suchte und erst dann das Buch herstellte, wenn man genügend Käufer akquiriert hatte, die die Finanzierung sicherten.

Generell waren weder Kunst und Wissenschaft in jener Zeit so strikt zu trennen wie heute, noch Handwerk, Wissenschaft und Kunst (und angesichts der nicht institutionalisierten Ausbildung war auch die Grenze zwischen Dilettantismus und Professionalismus durchlässiger, als man sich das heute vorstellt). Maria Sibylla Merian stand mit ihrer Arbeit auf der Grenze zwischen allen drei Gebieten, was sie für uns besonders interessant macht, was aber für damalige Verhältnisse alles andere als außergewöhnlich war. »Wissenschaft« verwende ich hier im weiteren Sinne; man müßte exakter von »Naturforschung« sprechen oder noch eher von »Naturgeschichte«. Die Naturgeschichte beschrieb Pflanzen, Mineralien, die Himmelskörper – kurz alles, was man auf Erden und am Himmel sehen konnte. Naturgeschichte befaßt sich, entgegen dem, was der Name für heutige Leser suggerieren mag, nicht mit der Entwicklung der Natur, sondern konzentriert sich auf die »pure Deskription des Stoffes, seiner Eigenarten und seiner Verwendungsmöglichkeiten«, wie Horst Bredekamp es nennt.[13] »Die Natur besaß keine Geschichte, sondern eine Physiognomie.«

Mit ihren Naturbeobachtungen ist Maria Sibylla Merian in sozialer Hinsicht weder zu den Gelehrten noch zu den Sammlern ihrer Zeit zu zählen, sondern eher zu den ausführenden Künstlern, wie Roelof van Gelder ausführt: Ihre Kunst war ihre Handelsware (und, so möchte ich hinzufügen, eben auch Merians Wissenschaft in ihrem zeitgenössischen Kontext).[14] Kunst war damals noch sehr viel enger, als wir das heute wahrnehmen, mit dem Handwerk verknüpft; sie wurde als Handwerk gelernt und oft auch so ausgeübt: als Auftragskunst, in großen Ateliers, in denen eine Arbeitsteilung herrschte, die jedem Gehilfen nur einen Teil des Bildes zu realisieren erlaubte. Merians Kunst ist deutlich funktionalisiert, sie dient der Klassifikation der Natur und soll nicht für sich selbst bestehen – das würde sie auch kaum tun. Svetlana Alpers deutet die holländische Malerei des 17. Jahrhunderts als Kunst der Beschreibung (im Gegensatz zur erzählenden Kunst Italiens); sie sei gekennzeichnet durch eine »deskriptive Aufmerksamkeit für das Vorhandene, Gegenwärtige«, eine Hinwendung zur Oberfläche und eine Neigung zum Malen der Vielfalt der ganzen Natur.[15] Sinn und Bedeutung werden nicht hinter der Bildfläche versteckt, sondern sie wurzeln in dem, »was das Auge aufnehmen kann«.[16] Man kann das durchaus in Verbindung mit der Naturkunde der Zeit bringen, wie sie von Merian repräsentiert wird: Hier dienen die bildlichen Darstellungen der Erkenntnis der Sache selbst, sie sind integrales Element von deren Erforschung und verbergen keine geheime Aussage. Tatsächlich repräsentieren sie die Sache selbst in einer Weise, die den Unterschied zwischen dem dargestellten Gegenstand und der Darstellung fast verschwinden läßt. Wenn das 17. Jahrhundert tatsächlich eine visuelle (und keine textuelle) Kultur war (vor allem im Norden, und im Norden, teilweise in Holland, lebte Merian einen großen Teil ihres Lebens, die holländische Malerei war die künstlerische und handwerkliche Grundlage ihrer Ausbildung), dann leuchtet es ein, daß auch die Erforschung der Natur eher auf bildlichem als auf textuellem Wege geschah, mehr zeigt und vorführt als erzählt und analysiert. Genau zu sehen und das Gesehene genau wiederzugeben ist Teil der Welterschließung und der Erkenntnis. Freilich kommt bei Merian die Sprache als zusätzliches Element ins Spiel. Sie beschreibt, was sie sieht und darstellt, aber die Sprache hat eine deutlich dienende und klar sozial funktionalisierte Funktion im Gesamtkontext ihrer Bücher.

Das Ehepaar Graff zog 1682 oder 1683, womöglich um nach dem Tod Jacob Marrells der Mutter unter die Arme zu greifen, nach Frankfurt zurück. Maria Sibylla führte ihre Arbeiten fort; sie versorgte auch von hier aus noch ihre ehemaligen Schülerinnen und Kundinnen in Nürnberg mit Farben und Anweisungen. So schreibt sie an Clara Regina Imhoff im Jahre 1683: »Ihren Angenehmen brief habe Serr wohl empfangen und darauß Verstanden, daß Sie ein gläßlein firniß, und 2 muschel grundtfarb, wie auch muster von spitzen auf grün babier getruckt Verlangt, ich habe überall nach gefragt, kann aber keine solche bekommen, schicke Also hier 2 muschel grundtfarb, und ein gläßlein gutten firniß, ich habe ihn düner gemacht, auf daß Sich lange halten Soll, er kost 30x und die farbe 12x, dut also 42x ein großes Cabital, wan Sie etwaß gefirnist hat und ist drucken und glenst nicht genuchg, So kann Sie es noch ein mahl überstreiche, biß es Seinen glanß hat, daß gelt beliebe Sie nur der Jungfer Aurwin Zu geben (...).«[17]
Maria Sibylla Merian trennte sich 1685 von ihrem Mann; die Scheidung erfolgte erst 1692. Man weiß nicht, wieso sie vollzogen wurde, und Vermutungen, daß es mit Maria Sibyllas religiöser Haltung zu tun gehabt haben könnte, lassen sich nicht belegen. Für eine Frau der damaligen Zeit

jedenfalls war eine Scheidung ein erstaunlicher und überaus skandalöser Schritt, und sie muß gute Gründe dafür gehabt haben, sonst hätte sie die damit verbundenen gesellschaftlichen Sanktionen kaum auf sich genommen. Maria Sibylla Merian schloß sich zusammen mit ihren beiden Töchtern und ihrer Mutter einer Labadistengemeinde auf Schloß Waltha in Westfriesland an. Das Schloß gehörte dem Gouverneur der niederländischen Kolonie in Surinam, was das spätere Reiseziel Merians erklärt. Allerdings existierte die labadistische Kolonie in Surinam, als Merian dorthin kam, schon fast nicht mehr.

Die Labadisten waren eine dem Pietismus nahestehende Sekte, die sich der Gemeinschaft beziehungsweise dem Gemeinschaftseigentum verschrieben hatte, weil sie die Botschaft Christi im Neuen Testament in diesem Sinne auslegte. Sie lebten und arbeiteten zusammen und befolgten strenge ethische Grundsätze. Trotz der dort eingeschränkten Möglichkeiten betrieb Maria Sibylla Merian ihre Insektenbeobachtung weiter; ihre Zeichnungen aus jener Zeit sind im sogenannten Studienbuch von St. Petersburg zusammengefaßt.[18] Es handelt sich um Vorlagen und Vorstudien, die später in Kupfer gestochen werden konnten. In diesem Studienbuch, das durch Merians jüngere Tochter nach St. Petersburg kam (die Tochter zog als Malerin 1717 mit ihrem Mann an den Zarenhof), finden sich Zeichnungen und Aufzeichnungen aus fast dem gesamten Leben Merians; auch das Material für ein drittes Raupenbuch, das aber erst postum veröffentlicht wurde, war darin vollständig gesammelt.

1690 gab Merian das Frankfurter Bürgerrecht auf; sie verließ aber Schloß Waltha bereits 1691 und siedelte nach Amsterdam über, dem Zentrum des Handels und der Kunst in Nordeuropa. Amsterdam war für damalige Verhältnisse eine Riesenstadt mit 200 000 Einwohnern; es war Handels- und Umschlagplatz für Waren aus aller Welt. Die Westindische und die Ostindische Handelskompanie bestimmten den Handel mit den niederländischen Kolonien in Südamerika und Indien. Von dort wurden nicht nur Gewürze, Stoffe, Möbel und andere Gebrauchsgegenstände nach Amsterdam exportiert, sondern auch exotische Pflanzen und Tiere. Amsterdam besaß einen hervorragenden botanischen Garten, mit dessen Direktor Merian später zusammenarbeitete – er half ihr, ihre Insekten zu klassifizieren –, und viele Sammler hatten Naturalienkabinette von höchster Qualität angelegt, zu denen sie Zugang erhielt. Im 17. Jahrhundert waren Naturalienkabinette und Wunderkammern wichtige Orte des Wissens; universitäre botanische Gärten gab es etwa seit Mitte des 16. Jahrhunderts.[19]

Amsterdam war mithin ein idealer Ort für die Naturforschung – und zum Handeln: Merian bot, im Tausch gegen einheimische Tiere, exotische Präparate an und lieferte die Methoden des Präparierens der einheimischen Insekten und Tiere gleich mit: »Auch so gibt es hier in hollandt viel Rariteten auß ost- und west-Indien, wan jemandt darvon ein liebhaber wehre, so wohlte ich wohl dergleichen übersenden, wan ich dargegen könte bekommen von allerhandt thierlein, die in Theudtschen lande seindt, als schlangen von allerhandt arten, und allerhandt Somervögelein [so nennt sie Schmetterlinge] oder schrötter und der gleichen dhierlein, die Schlangen und dergleichen thiere, thut man in gläßer mit gemeinen brandenwein und macht die gläßer mit pandtoffelholz wohl (...) zu, da bleiben sie gut in, und wan man die Sommer Vögel hurtig (...) wil haben so häldt man die spitze der spännadel in ein licht und macht es so heiß oder glühendt, und steckt es in das SommerVögelein, dan seindt sie alsobalde thot, und bleiben dan die fligel uhnbeschädiget, und die schagtellen darinen man sie stecken will, kann man Zu erst mit spicköll bestreichen so kommen keine würmlin darbey welche sie sonsten verzehren, auch wan jemandt von allerhandt Sammen der Indianischen gewürckßen begehrede die seindt hier auch wohl Zu bekommen.«[20]

Allerdings genügte es Merian bald nicht mehr, nur die tote Natur beobachten zu können, und als ihre älteste Tochter mit ihrem Ehemann von einer Handelsreise nach Surinam zurückkehrte und viel von dem südamerikanischen Land mit seinem heißen Klima, seiner üppigen Fauna und Flora, den niederländischen Pflanzern und ihren Sklaven erzählte, reifte in ihr der Entschluß, selbst dorthin zu reisen, um ihre Naturbeobachtungen fortzusetzen und endlich auch die exotischen Insekten nicht mehr nur im präparierten und statischen Zustand zu studieren, sondern in natura. Im Juni 1699 trat sie ihre »große und teure« Reise nach Surinam an.[21] Wie eingangs erwähnt, reiste sie ohne männliche Begleitung und auch ohne jeden Auftrag eines Fürsten oder sonst eines Mäzens, auf eigenes Risiko und auf eigene Kosten. Um diese riskante Unternehmung und den späteren Druck des Buches mit den Forschungsergebnissen überhaupt finanzieren zu können, nahm sie gut bezahlte Auftragsarbeiten an.

Die Überfahrt mit dem Segelschiff dauerte zwei bis drei Monate; die Enge auf dem Schiff war quälend, die hygienischen Verhältnisse schlecht, wochenlang sah man kein Land – eine solche Reise wäre für unsere heutigen Ansprüche unerträglich. Aber Merian hielt durch, und sie wußte, warum. In Surinam lebte sie zwei Jahre lang in einfachsten Verhältnissen, beobachtete und sammelte wie besessen, präparierte Insekten, fertigte Studien an, nach denen später die Abbildungen des Buches gestochen wurden. Sie machte dabei ethnologische Beobachtung und interessierte sich zum Beispiel dafür, wie die Pflanzen von den Einheimischen verwendet wurden. In den Baumwollfrüchten entdeckte sie etwa einen »schwarzen Samen, an dem die Baumwolle festsitzt. Diese Baumwolle wird von den Indianern gesponnen. Sie machen daraus ihre Hängematten, in denen sie schlafen.«[22] Sie berichtete von den Bananenblättern, die aufgrund ihrer Dicke und Stabilität wie Backbleche benutzt wurden, um Brot zu backen,[23] oder von der Frucht des Kaschubaumes, die roh gefährlich sei, gebraten aber »ist es gut gegen den Durchfall, es vertreibt auch die Würmer und schmeckt wie eine Kastanie«.[24] Die Samen des Rocubaumes »legen die Indianer zum Weichen ins Wasser. Dann weicht die rote Farbe heraus und sinkt auf den Boden. Danach gießen sie das Wasser allmählich ab und trocknen die Farbe, die auf dem Boden liegt. Sie machen damit allerlei Figuren auf ihre nackte Haut, was ihr Schmuck ist.«[25] Merian beobachtete, wie in Surinam Pflanzen angebaut werden: Da der Kakaobaum die große Hitze nicht vertragen kann, »pflanzt man, wenn diese Bäume noch jung sind, eine Banane oder Bakoven daneben, um diese damit vor der Hitze zu schützen«.[26]

Noch interessanter für heutige Leserinnen und Leser sind ihre zwar spärlichen, aber doch ungewöhnlichen Berichte über das Verhalten der Menschen – und zwar aller Schichten: der europäischen Kolonisten, der einheimischen indianischen und der schwarzen Sklaven –, das ihr im Zusammenhang mit ihren Naturstudien auffällt. Sie scheute sich nicht, die Faulheit der holländischen Pflanzer anzuprangern, die dieses Paradies ihrer Auffassung nach nicht genügend nutzten. Die amerikanische Kirsche ließe sich wahrscheinlich »vollendeter kultivieren«, wie Merian in ihrem Buch konstatierte, »wenn das Land von einem arbeitsameren und weniger eigennützigen Volk bewohnt würde«.[27] Sie hält es auch für erwähnenswert, daß »die Menschen dort« (womit sie wieder die Kolonialherren meint) sich überhaupt nicht mit der Fauna und Flora des Landes befassen und folglich nichts darüber wissen, »ja sie verspotten mich, daß ich etwas anderes in dem Lande suche als Zucker«.[28] Nach der Schärfe ihrer Kommentare zu urteilen, scheinen die Pflanzer in der Tat überaus ignorant und arrogant gewesen zu sein und der wißbegierigen und fleißigen Merian das Leben ziemlich schwer gemacht zu haben. Ebenso unmißverständlich erkennt und benennt sie die Unterdrückung der einheimischen indianischen und importierten afrikanischen Sklaven durch die Kolonialherren: »Diese Flos Pavonis ist eine neun Fuß hohe Pflanze, sie trägt gelbe und rote Blüten. Ihr Samen wird gebraucht für Frauen, die Geburtswehen haben und die weiterarbeiten sollen. Die Indianer, die nicht gut behandelt werden, wenn sie bei den Holländern im Dienst stehen, treiben damit ihre Kinder ab, damit ihre Kinder keine Sklaven werden, wie sie es sind. Die schwarzen Sklavinnen aus Guinea und Angola müssen sehr zuvorkommend behandelt werden, denn sonst wollen sie keine Kinder haben in ihrer Lage als Sklaven. Sie bekommen auch keine, ja sie bringen sich zuweilen um wegen der üblichen harten Behandlung, die man ihnen zuteil werden lässt, denn sie sind der Ansicht, daß sie in ihrem Land als Freie wiedergeboren werden, so wie sie mich aus eigenem Munde unterrichtet haben.«[29]

Sehr ungewöhnlich in einer Zeit, in der Aussagen oft im Duktus absoluten Wissens gemacht oder durch den ausführlichen Rekurs auf die wissenschaftlichen Texte europäischer Autoritäten belegt wurden, ist, daß sie hin und wieder Andeutungen darüber macht, von wem sie vor Ort Informationen erhalten hat. Als sie über die Abtreibungspraxis der Sklavinnen berichtet, verschweigt sie nicht, daß sie das von ihnen selbst erfahren hat; sie gibt zuweilen – wenngleich selten, aber immerhin – an, wer ihr Tiere oder Pflanzen gebracht hat, und sie übernimmt von den Indianern die einheimischen Namen der Tiere und Pflanzen und verwendet diese auch in ihrem Buch (die lateinischen Namen haben einige ihrer kundigen Bekannten beigesteuert, wie sie ebenfalls im Vorwort schreibt). In den Texten selbst nennt sie die in Europa bekannten Gelehrten vergleichsweise selten und wenn, dann sehr kurz. Sie überläßt zwar Schlußfolgerungen gern denjenigen, die mehr davon verstehen als sie, die sie nur sammele und aufzeichne (sie liefere nur den Stoff, so schreibt sie im Vorwort zu den »Metamorphosis«, »aus dem jeder nach eigenem Sinn und eigener Meinung Schlüsse ziehen« könne, denn die Ansichten der Gelehrten seien zu unterschiedlich – man könnte ergänzen: als daß sie sich ein Urteil darüber erlauben könnte). Aber sie hält sich nicht mit einer ausführlichen Diskussion fremder Forschungsergebnisse auf; erwähnt nur hier und da Irrtümer, die ihr aufgefallen sind, oder führt zur Bestätigung ihrer eigenen Ansicht Belege aus der wissenschaftlichen Literatur an.

Alles in allem handelt es sich dabei um einzelne Beobachtungen, kleine Nebensätze, die die Insekten- und Pflanzenbeschreibung, um die es eigentlich geht, nur ergänzen und nicht selbst im Mittelpunkt stehen. Aber auch so ist der umfassende Blick bemerkenswert, der sich, mehr als damals üblich, auf das richtet, was wir heute die kulturhistorischen Kontexte nennen würden, der sich dem Fremden nicht verschließt, sondern es in seiner Eigenart und mit seinen Sitten und Gebräuchen zu erfassen sucht, statt es nur mit der Elle der eigenen Erfahrung und Überzeugung zu messen.

Ihre Beschreibungen von Flora und Fauna sind kurz, prägnant und anschaulich. Sie zieht oft Vergleiche mit Dingen oder Lebewesen heran, die ihren Lesern bekannt waren und es ihnen leichter machten, sich das ganz Fremde, Exotische vorzustellen – ohne das Fremde damit sogleich als bekannt zu vereinnahmen, denn die hybriden Wesen, die bei diesen Beschreibungen herauskommen, sind trotz der bekannten Versatzstücke als ganze durchaus befremdlich. Über einen bestimmten Falter etwa schreibt sie: »Durch das Vergrößerungsglas betrachtet, sieht der Staub auf den Flügeln aus wie braune, weiße und schwarze Federn von bunten Hühnern. Der Körper ist behaart wie der eines Bären. Sogar auf den Augen sind Haare. Der Rüssel sieht aus wie der Hals einer Gans oder einer Ente.«[30] Hühner, Bären, Gänsehälse, und das alles soll ein kleiner Schmetterling sein, der mit bloßem Auge wie ein zartes und zerbrechlich Farbenwunder aussieht? Man sieht, daß es hier nicht um Aufgehen des Fremden im Bekannten geht, sondern um Hilfskonstrukte, die das Fremde zwar irgendwie vorstellbar machen, aber zugleich in seiner Fremdheit betonen und steigern.

Schönheit und Häßlichkeit spielen in allen Beschreibungen eine wichtige Rolle; und spannend zu sehen ist, wie sie diese Eigenschaften je nach Betrachtungsweise relativiert: »Wenn man die beiden Eulenfalter durch das Vergrößerungsglas betrachtet, haben sie Haar wie ungarische Bären. So schön sie sind, wenn man sie ohne Vergrößerungsglas anschaut, so sonderbar struppig und hässlich sind sie, wenn man sie mit dessen Hilfe betrachtet.«[31]

Das bloße Auge allein zeigt diese Verwandlungsphänomene nicht, dazu bedarf es vielmehr des technischen Hilfsmittels – man ahnt noch etwas von dem Staunen, das die Benutzung eines Vergrößerungsglases damals ausgelöst haben muß, als das Gerät noch neu und die dadurch ausgelösten Effekte noch nicht weithin bekannt waren. Auch hier geht es um Verwandlungen, Metamorphosen – nicht der Objekte, sondern der Wahrnehmung selbst.

Früher als geplant mußte Maria Sibylla Merian den Aufenthalt in Surinam abbrechen, weil sie (vermutlich) an Malaria erkrankte und nur knapp überlebte. Sie selbst schreibt: »Ich fand in jenem Land nicht die passende Gelegenheit, um die Beobachtungen der Insekten vorzunehmen, die ich mir vorgestellt hatte, da das Klima jenes Landes sehr heiß ist. Diese Hitze bekam mir nicht gut, und ich sah mich deshalb gezwungen, früher nach Hause zurückzukehren, als ich gedacht hatte.«[32] Es folgten die gefährliche, circa drei Monate dauernde Rückreise und dann, wieder in Amsterdam, die Zeit der Aufarbeitung. Um ihren Lebensunterhalt und den Druck des Buches über die surinamesischen Insekten finanzieren zu können, verkaufte sie die mitgebrachten Präparate an Sammler und Liebhaber; sie suchte Subskribenten und nahm erneut Auftragsarbeiten an. So schreibt sie 1703 an den englischen Apotheker James Petiver, mit dem sie später wegen einer Übersetzung ins Englische in Verhandlungen trat (diese scheiterten, da Petiver auf einer anderen Klassifizierung der Insekten als der ihrigen bestand), daß es sich bei ihrem Surinam-Buch um ein vollkommenes Werk handele, »dergleichen man noch nie gesehen hat; sollten Euer Wohlgeboren einige Freunde wissen, die gewillt wären mit zu subskribieren zur Verringerung der Unkosten und zur Förderung dieses Werkes, belieben Sie, ihr [der Briefschreiberin] dies zu berichten und sie [die Freunde] zu animieren, [damit] wird mir ein Freundschaftsdienst erwiesen werden.«[33] Das ganze Werk, so schreibt sie 1704 an Petiver, werde sechs Reichstaler oder drei Dukaten kosten, und wer es »illuminiert« wünsche, bekomme es auch so (und dann natürlich teurer). Auch wenn es angesichts der hohen Buchpreise schwer war, genügend Subskribenten zu finden, erschien 1705 das Insektenbuch »Metamorphosis Insectorum Surinamensium« auf holländisch (2. erweiterte Auflage 1719).[34] Dieses Buch gilt als Maria Sibylla Merians Meisterwerk. Im Hinblick auf die ästhetische Qualität entspricht es den vorherigen Büchern; das Metamorphosenbild wird zur Meisterschaft entwickelt, die Tiere werden grundsätzlich, wie sie im Vorwort erklärt, »auf die Gewächse, Blumen und Früchte gesetzt (...), auf denen sie gefunden wurden«.[35] Mehrfach betont sie in ihrem Vorwort, daß alles darin nach dem Leben abgebildet sei, und sie fährt fort mit der Beschreibung ihres eigenen Weges zur Forschung, was die Funktion einer Beglaubigung ihrer Arbeit gegenüber dem Publikum hat. Es ist ihr wichtig, mehrmals zu betonen, daß sie nicht selbst die Idee hatte, ihre Beobachtungen zu veröffentlichen, sondern daß andere sie dazu überredet hätten. Das ist ein typischer Bescheidenheitstopos, der gerade in barocken Texten absolut üblich war, aber aus der Feder einer Frau noch eine zusätzliche Nuance besitzt: Als Frau muß sie ganz besonders betonen, daß sie nicht unbescheiden ist, wenn sie ihr Werk veröffentlicht, und sie muß sich gewissermaßen rückversichern und dem Publikum gegenüber legitimieren, indem sie sagt, daß ihr Werk von anderen, von Fachleuten, so überaus positiv beurteilt werde. Damit macht sie klar, daß die Geldausgabe für das Buch gerechtfertigt ist. Sie sei nicht »gewinnsüchtig« gewesen, fügt sie hinzu, sondern habe sich damit begnügt, ihre Unkosten zurückzubekommen. Umgekehrt habe sie keine Mühe und Kosten »bei der Ausführung dieses Werkes gescheut«, um »sowohl den Kennern der Kunst als auch den Liebhabern der Insekten Vergnügen und Freude« zu bereiten.

Das hat sie wohl getan, denn ihr Buch wurde lange Zeit positiv rezipiert: »Ihr Name ging damals durch die ganze gebildete Welt«, schreibt Margarete Pfister-Burkhalter; ihr Werk wurde »anerkannt von den Fachgelehrten und bewundert von den Liebhabern und Künstlern«.[36] Mit dem Erfolg des Surinam-Buches wuchs auch die Nachfrage nach den älteren Raupenbüchern, die sie mit Hilfe ihrer Tochter wieder auflegte. Ihre Arbeit geriet im 18. Jahrhundert zunehmend in Mißkredit, als man andere Klassifikationsschemata fand und Merians Einteilung als absurd abtat. Sie war eben keine innovative Wissenschaftlerin, sondern eine Naturhistorikerin alten Schlages, die allerdings mehr Mut und Engagement aufbrachte als viele andere – und eine weitaus größere künstlerische Begabung besaß. So ist denn auch die Qualität ihrer Aquarelle und Kupferstiche längst fraglos anerkannt, wobei Merian als die früheste europäische Entomologin als eine der interessantesten Frauen in der frühneuzeitlichen Gelehrten- und Kunstgeschichte gilt. Zwar hat sie der Wissenschaft keine neuen Wege und Methoden erschlossen, aber dennoch war sie die erste, die Flora und Fauna Surinams erforschte und einem breiten Publikum bekanntmachte.

Den zweiten Band der surinamesischen Metamorphosen, der auch Schlangen, Krokodile und Leguane enthalten sollte, hat sie nicht mehr realisieren können. Maria Sibylla Merian starb am 13. Januar 1717.

Hat die Medizin ein Geschlecht?

Dorothea Christiane Leporin-Erxleben
(1715–1762)

»Ich bedeute durch die Gelehrsamkeit eine gründliche Erkäntniß solcher nöthigen und nützlichen Wahrheiten, wodurch der Verstand und Wille gebessert, folglich des Menschen wahre Glückseeligkeit befodert wird.« So heißt es gleich eingangs der berühmt gewordenen Abhandlung »Gründliche Untersuchung der Ursachen, die das weibliche Geschlecht vom Studiren abhalten, Darin deren Unerheblichkeit gezeiget, und wie möglich, nöthig und nützlich es sey, Daß dieses Geschlecht der Gelahrtheit sich befleisse, umständlich dargelegt wird von Dorotheen Christianen Leporinin«.[1]

Die Verfasserin des 1742 gedruckten Buches ist die erste promovierte Ärztin Deutschlands, Dorothea Christiane Leporin, verheiratete Erxleben, und ihr Buch ist, wie der umständliche Titel schon zeigt, ein Plädoyer für die akademische Ausbildung auch von Frauen, die im 18. Jahrhundert völlig unüblich war.

Leporins Definition der Gelehrsamkeit lohnt eine nähere Betrachtung. Ihr Sinn ist die menschliche Glückseligkeit. Das bedeutet im 18. Jahrhundert noch nicht, wie heute, individuelles Glück etwa aufgrund einer Liebesbeziehung, sondern – insbesondere wenn von »wahrer Glückseligkeit« die Rede ist – ein Leben nach den Grundsätzen der Vernunft, die allein das Wahre und Richtige zu erkennen und in die Tat umzusetzen vermag, also auch die menschlichen Lebensbedingungen zu verbessern imstande ist. Die Wahrheiten, die erkannt werden, sind »nötig« und »nützlich«, also fern jeder abstrakten Spekulation; es geht um praktische Lebensnähe und die Verbesserung der menschlichen Moral, der körperlichen Befindlichkeiten ebenso wie der konkreten Lebensumstände. Schließlich sollen »Verstand« und »Wille« gebessert werden, beide zur damaligen Zeit Schlüsselbegriffe des Menschenbildes.

Der Verstand ist die Fähigkeit, vernünftig und klar zu denken und zu erkennen; der Wille ist die letzten Endes moralische Kraft, das Rechte zu tun und sich unablässig für die eigene Vervollkommnung und für die der Allgemeinheit einzusetzen. Beide Fähigkeiten sind nicht einfach gottgegeben, sondern werden dem Menschen durch die Erziehung eingepflanzt, um dann im Laufe des ganzen Lebens trainiert zu werden. Was Leporin unter »wahrer Glückseligkeit« versteht, hat also mehr mit Pflicht als mit Lust zu tun; es ist ein moralischer Begriff, in dem vorausgesetzt wird, daß der Mensch eine (individuelle und gesellschaftliche) Bestimmung habe und dieser Bestimmung entsprechend leben könne. Nur darin kann er wirklich glücklich sein. Die Pflicht zur Neigung machen – so hat Friedrich Schiller diese Haltung später auf eine Formel gebracht. In dieser Bestimmung zeigt sich die für das 18. Jahrhundert typische Komplexität der Beziehung zwischen dem Individuum und dem Sozialen: Das Individuum gewinnt im Vergleich zu den vorangegangenen, eher durch die Gemeinschaft bestimmten Zeiten immer mehr Bedeutung, aber es ist noch fest eingebunden in eine ständische Ordnung, die sich allerdings im Wandel befindet. Das Bürgertum wird im 18. Jahrhundert zur dominanten sozialen Schicht, die die Aristokratie zwar noch nicht endgültig verdrängt, aber doch zunehmend an zumindest materieller und moralischer Bedeutung überflügelt.

Dorothea Christiane Leporin skizziert mit diesem einen Satz eine aufgeklärte Haltung und gibt damit den Rahmen vor, innerhalb dessen sie sich für die Zulassung von Frauen zum akademischen Studium und zur qualifizierten Berufsausübung einsetzt. Dabei geht es ihr, selbst wenn sie grundsätzlich argumentiert, durchaus auch um ihre eigene Person und ihren eigenen Beruf, nämlich die Medizin. Denn eine Frau, die als Ärztin arbeitete, war damals etwas Unerhörtes. Der Beruf des Arztes war schon immer den Männern vorbehalten gewesen. Dennoch gab es im Mittelalter auch einige wenige Ärztinnen oder doch Heilerinnen, die durch entsprechende Prüfungen befugt waren, ihre Kenntnisse anzuwenden und Kranke zu behandeln. Frauen waren zuständig für die Gesundheit ihrer Familien; Nonnen arbeiteten in Hospitälern auch für die Armen. Daneben waren es im Mittelalter vor allem die Hebammen und andere weise Frauen, die ein heute vergessenes Wissen über die Natur und die Menschen besaßen. Sie wußten, wie man bestimmte Krankheiten heilt, andere vermeidet, sie wußten über Empfängnis, Geburt, Schwangerschaftsverhütung oder Abtreibung und über viele andere Dinge Bescheid und setzen diese medizinischen Fähigkeiten ein.

Als sich jedoch die Medizin im Verlaufe des 15. und 16. Jahrhunderts immer stärker als akademische Disziplin zu institutionalisieren begann, wurde diese weibliche Praxis zunehmend verdrängt und sogar ausgerottet. Die Hexenverbrennungen in der Frühen Neuzeit und noch im Jahrhundert der Aufklärung legen Zeugnis davon ab; wir wissen heute, daß viele dieser sogenannten Hexen »weise Frauen« waren, deren Wissen in einer zunehmend männerbeherrschten Disziplin als Konkurrenz gefürchtet und als unwissenschaftlich (und somit im buchstäblichen wie übertragenen Sinne »undiszipliniert«) nicht mehr geduldet wurde. Die Frauen wurden ausgeschaltet, die Männer gaben das praktische Wissen der Frauen der Vergessenheit anheim oder eigneten sich Teile davon an, verwandelten es in strenge Wissenschaft und machten die Medizin zu einer Disziplin, die eine geregelte, nur an der Universität zu erlangende Ausbildung voraussetzte, von der Frauen ausgeschlossen waren. Denn Universitäten waren seit ihrer Gründung im 12. Jahrhundert durch und durch männliche Domänen gewesen, nicht anders als die abstrakten Wissenschaften.

Hier zeigt sich ein Phänomen, das sich im Laufe der Jahrhunderte und auch heute noch immer wieder beobachten läßt: die geschlechtsspezifische Zuschreibung von Tätigkeitsfeldern und dem mit ihnen verbundenen sozialen Renommee sowie der ständige Wechsel von Einschluß- und Ausschlußmechanismen. Frauen wird die Arbeit in Bereichen, in denen sie traditionell tätig sind, oft erschwert, sobald Männer im Gefolge sozialer und beruflicher Umschichtungen ein Interesse daran gewinnen; sie geben dem Bereich ein anderes Profil und reklamieren ihn dann als männliche Domäne. Wenn umgekehrt Frauen in einen bislang männlich dominierten Bereich eindringen, verliert dieser häufig an sozialem und finanziellem Prestige; die Männer ziehen sich daraus zurück – ein klassisches Beispiel dafür ist der Lehrerberuf.

Dorothea Christiane Leporin arbeitete also in einem Beruf, der gewissermaßen von allen weiblichen Elementen bereinigt worden war, die ihm aus seiner Vorgeschichte hätten anhaften können, und mittlerweile also männlich dominiert war. Sie hatte das Glück, daß ihr Vater nicht nur selbst Arzt war, sondern offensichtlich ein überaus aufgeklärter und liberaler Mann, der seine Tochter entsprechend ihrer Begabung förderte, sie unterrichtete, mit ihr zusammenarbeitete und hinter ihr stand – das war alles andere als selbstverständlich in dem bürgerlichen Milieu, dem sie entstammte und in dem es immer mehr zur Regel wurde, daß Frauen die Öffentlichkeit mieden, um das häusliche Leben zu ihrer Domäne zu machen. Dafür und für nichts anderes lernten sie: Haushaltsführung, Kochen, Handarbeiten, Rechnen, Lesen, Schreiben, vielleicht – wenn man wohlhabender war – noch Grundkenntnisse in modernen Fremdsprachen oder Musik und Zeichnen. Das waren die wesentlichen Bereiche, in denen ein bürgerliches junges Mädchen im 18. Jahrhundert ausgebildet wurde. Leporins Vater förderte nicht nur ihr naturwissenschaftliches Studium, sondern er schrieb sogar eine außerordentlich wohlwollende ausführliche Einleitung zu ihrer Abhandlung über das Studium der Frauen. Ohne diese Unterstützung hätte sie zu ihrer Zeit und in der bürgerlichen Schicht, in der sie lebte, niemals diesen Beruf ergreifen, ihn gegen mannigfache Widerstände praktizieren und schließlich sogar darin promovieren können.

Dorothea Leporin wurde 1715 in Quedlinburg geboren. Sie durfte als wißbegieriges Kind am Unterricht ihres Bruders durch einen Hauslehrer teilnehmen – für ein Mädchen die einzige Chance auf eine Ausbildung in Latein (der damaligen Wissenschaftssprache) und naturwissenschaftlichen Fächern. Als der Bruder aufs Gymnasium kam, lernte sie gemeinsam mit ihm weiter, obwohl ihr der Besuch der Schule verwehrt blieb, und später erhielt sie aufgrund ihrer Begabung Privatunterricht durch ihren späteren Mann. Schließlich gelang es ihr sogar, als Assistentin ihres Vaters in dessen Arztpraxis arbeiten zu dürfen. Dort erhielt sie ihre Ausbildung in der Praxis der Medizin, und ohne daß sie je eine Universität besucht hätte, wurde sie zu einer ausgezeichneten Ärztin. Da die medizinische Wissenschaft allerdings schon seit einigen Jahrhunderten an den Universitäten gelehrt wurde, bestand die Möglichkeit, sich wie zuvor außerhalb der Institution ausreichendes Wissen anzueignen, zwar noch, war aber selten geworden und mußte durch entsprechende Prüfungen abgesichert werden. Das heißt, daß Dorothea Leporin, um offiziell und selbständig praktizieren zu können, die Promotion benötigte. Folglich stellte sie einen Zulassungsantrag an Friedrich II., der 1741 bewilligt wurde.

Das Medizinstudium hatte noch in der Renaissance die Aristotelische Logik und Naturlehre zum Gegenstand, als grundlegend galten die Schriften der antiken Mediziner Galen, Hippokrates und des Philosophen Avicenna. Die antike Medizin basierte auf der Elementenlehre. Es gab vier Eigenschaften (Hitze, Kälte, Feuchtigkeit und Trockenheit), vier Elemente (Luft, Feuer, Erde und Wasser) und vier Körpersäfte (Blut, Schleim, gelbe und schwarze Galle). Aus unterschiedlichen Kombinationen dieser Eigenschaften, Elemente und Säfte setzt sich der Mensch zusammen; sie bestimmen über sein Wesen, sein Temperament, auch über sein Geschlecht. Männer sind heiß und trocken, Frauen feucht und kalt, und natürlich gibt es Zwischenstufen: männliche Frauen, weibliche Männer, Hermaphroditen.

Wie bereits angesprochen, galt bis ins 16. Jahrhundert mehr oder weniger das Eingeschlechtsmodell – man war der Meinung, die Geschlechtsorgane von Frauen und Männern seien grundsätzlich identisch, nur verschieden angeordnet. Daraus ließen sich aber durchaus unterschiedliche Bewertungen ableiten. Thomas Laqueur spricht von einer »Metaphysik der Hierarchie«, die erst im 18. Jahrhundert (also dem Jahrhundert Leporins) von der bis heute überwiegend gültigen »Anatomie und Physiologie der Unvergleichlichkeit« abgelöst worden sei. Die Hierarchie blieb dabei im wesentlichen die gleiche (Männer wurden als den Frauen überlegen gesehen); sie wurde freilich anders begründet und zunehmend idealisiert. Karin Hansen hat den Begriff des »Geschlechtscharakters« für diese neue Auffassung eingeführt: Beiden Geschlechtern waren bestimmte körperliche und seelische Eigenschaften zu eigen, die mit ganz bestimmten Aufgaben einhergingen. Der Idealzustand war erreicht, wenn Frauen und Männer ihre ureigenen Aufgaben erfüllten und einander auf diese Weise ergänzten. Die Komplementarität der Geschlechter wurde im 18. Jahrhundert zur Norm; ihre Auswirkungen spüren wir noch heute. Zur Zeit Leporins hatte sich mithin schon eine neue Sichtweise auf den menschlichen Körper und auf die menschliche Seele durchgesetzt, was es ihr einerseits schwer machte, Anerkennung als öffentlich praktizierende Ärztin zu erlangen. Andererseits waren die neuen Ideologien noch nicht derart verfestigt, daß es unmöglich gewesen wäre – wenngleich es immer schwieriger wurde: Im 19. Jahrhundert gab es bereits keine Ärztinnen mehr; erst 1899 konnten Frauen in Deutschland das medizinische Staatsexamen ablegen und damit offiziell praktizieren. Hier wird ein Zwiespalt offenbar: zwischen der Anerkennung der zunehmend als typisch weiblich angesehenen Fähigkeit des Pflegens und Heilens einerseits (was den Beruf der Ärztin eigentlich hätte akzeptabel erscheinen lassen, sie aber in den Augen der Öffentlichkeit de facto nur zur häuslichen Kranken- und

Kinderpflege prädestinierte) und der Verwissenschaft-lichung des Berufs andererseits, die ihn aus der weiblichen Reichweite und Einflußsphäre heraus- und an die Männerwelt heranrückte.

Was Frauen der Aristokratie und des gehobenen Bürgertums jedoch durchaus tun durften und was seit dem 17. Jahrhundert sogar zunehmend in Mode kam, war die amateurhafte Beschäftigung mit den Naturwissenschaften, der natürlich enge Grenzen gesetzt waren. Es gab schließlich sogar ein eigenes Genre naturwissenschaftlicher Publikationen für Frauen: Chemie für Damen, Chemie für Töchter, Newton für Damen – davon wird im nächsten Kapitel über Emilie du Châtelet noch einmal die Rede sein. Beruflicher Ehrgeiz durfte sich damit indessen nicht verbinden, auch nicht der Wunsch, die Männer zu überflügeln. »Pedantisch« wollte keine sein, ein Begriff, der in der französischen Salonkultur des 17. Jahrhunderts aufgekommen war und solche Personen bezeichnete, die allzu penetrant ein bestimmtes Wissensgebiet thematisierten, statt, wie es die gute Sitte wollte, elegante, und das hieß: vielseitige, Konversation über wechselnde Themen zu machen. Als pedantisch galt also die Spezialisierung auf ein Wissensgebiet und damit natürlich auch die Berufstätigkeit, die ohnehin nur Sache der Bürger war, denn Aristokraten arbeiteten ja nicht im üblichen Sinne.

Das 17. und 18. Jahrhundert waren eine Übergangszeit. Die Wissenschaften wurden demokratisiert in dem Sinne, daß sie grundsätzlich allen Verstandesbegabten offenstanden; zugleich wurden sie immer weiter ausdifferenziert und damit Angelegenheit der Spezialisten. Gleichzeitig bestand jedoch ein breites, allgemeines Interesse an den Naturwissenschaften und ihren Entdeckungen, die eine neue Sicht der Welt versprachen, und dieses Interesse wurde durch bestimmte Präsentationsformen bedient: Darstellungen, die wir heute »populärwissenschaftlich« nennen würden, aber auch spektakuläre Inszenierungen wissenschaftlicher Experimente, die durchaus zur Belustigung des Publikums geeignet waren. Das auffälligste Beispiel dafür ist das anatomische Theater.

Seit dem 16. Jahrhundert gehörten anatomische Sektionen zur Ausbildung der Mediziner und Künstler. Die Teilnahme daran war aber mitnichten auf das Fachpublikum beschränkt, vielmehr entwickelten sich öffentliche Sektionen zu regelrechten Unterhaltungsschauen für ein viel breiteres Publikum – zu einem regelrechten anatomischen Theater. Dafür wurden eigene Räumlichkeiten errichtet, angelehnt an die antiken Amphitheater. Das erste und berühmteste anatomische Theater gab es seit 1638 in Bologna, wo schon ein Jahrhundert zuvor der erste illustrierte Text über die Anatomie erschienen war (1521). Man zahlte Eintritt und konnte von den Theatersitzen aus bequem der Sektion zuschauen. Da viele dieser Vorführungen (die sich über viele Tage hinzogen) zur Karnevalszeit stattfanden, waren die Teilnehmer oft maskiert. Und natürlich gehörten auch Frauen zum Publikum. Die Nerven der Damen galten damals noch nicht als so zart, daß man sie am Besuch der öffentlichen Sektionen hätte hindern müssen. Diese Auffassung von der weiblichen Konstitution kam im Verlaufe des 18. Jahrhunderts auf, und erst im 19. Jahrhundert hatte sie sich endgültig durchgesetzt. Zu diesem Zeitpunkt wäre die Teilnahme einer Dame an einer Sektion völlig ausgeschlossen gewesen. Im 18. Jahrhundert aber durften Frauen ihren Wissensdurst oder ihre Sensationslust im anatomischen Theater ebenso stillen wie jeder Mann, wenn sie nur den Eintritt bezahlen konnten.

Die Leichen waren meistens hingerichtete oder anders zu Tode gekommene Verbrecher. In der Regel wurden sie zunächst von einem Bader oder Sezierer zerlegt, während der Arzt über das, was man sah, dozierte oder aus einem medizinischen Fachbuch vortrug. Andreas Vesalius beklagte diese Praxis in seinem bahnbrechenden Buch »De humani corporis fabrica« 1543. Er plädierte für einen engeren Zusammenhang zwischen der Theorie und der praktischen Arbeit am Objekt und nahm damit den Weg vorweg, dem die moderne Medizin später folgte: Theoretisches Wissen und praktisches Experiment gingen schließlich eine unauflösliche Beziehung ein. Der Wissenschaftler konnte sein Wissen nicht mehr nur aus Fachbüchern beziehen, es genügte nicht mehr, daß er die renommierten Autoritäten kannte und daß er gut argumentieren konnte. Er mußte fortan am Objekt selbst forschen, und er mußte Experimente durchführen, Modellversuche unternehmen, die beweisen, wie die Dinge funktionieren, und die vor allem auch das vor Augen führen können, was man eigentlich nicht sehen kann. Denn die Welt wurde immer größer, je mehr man sie erforschte. Einerseits wurden immer weiter entfernte Dinge wie Planeten und Milchstraßen in anderen Galaxien entdeckt und erkundet, andererseits auch immer kleinere, mit bloßem Augen nicht erkennbare, wie Moleküle, Bakterien etc. Die praktische Erfahrung, also etwa das Sehen mit bloßem Auge, reichte sowenig wie die reine Spekulation längst nicht mehr aus, um die Wirklichkeit zu erfassen. Wichtiger noch wurde die Fähigkeit, im Experiment Wirklichkeit nachzustellen und Wahrheit zu erweisen. Man brauchte also zunehmend mehr Werkzeuge, um forschen zu können, Teleskope ebenso wie Mikroskope, die das Fernste und das Nächste sichtbar machen konnten.

Wir wissen nicht, ob Dorothea Leporin an Sektionen teilnahm oder selbst welche durchführte; letzteres scheint eher unwahrscheinlich, ersteres ziemlich sicher. In jedem Fall war ihr Wissen über den menschlichen Körper von einer medizinischen Wissenschaft geprägt, für die die Anatomie und das Experiment längst selbstverständliche Bestandteile geworden waren, und zu ihren Prüfungsthemen bei der Promotion gehörte neben der Diagnostik und den Behandlungsmethoden auch die Anatomie. Dorothea Leporin promovierte jedoch nicht gleich, nachdem ihr die Erlaubnis erteilt worden war. Sie heiratete 1744 den Diakon Erxleben, zog seine fünf Kinder aus erster Ehe groß und brachte im Laufe der nächsten Jahre noch vier eigene Kinder zur Welt. Daneben praktizierte sie unverdrossen als Ärztin, und zwar ohne die zeitaufwendige, nur formal bedeutsame Promotion, die ihr möglicherweise nicht wirklich wichtig erschien, da sie nichts an ihrem Wissen oder ihrer Praxis geändert hätte. Es gab auch schlichte Notwendigkeiten, die sie zur Arbeit zwangen und von der Vorbereitung auf die Prüfung abhielten. Ihr Bruder war 1742 desertiert, um nicht in den Preußischen Krieg ziehen zu müssen, woraufhin auch ihr Vater das Land verlassen mußte. Seine Tochter vertrat ihn, denn die Patienten kannten sie bereits und vertrauten sich ihr an. Zudem konnte die Familie auf das Einkommen nicht verzichten. Nach der Rückkehr ihres Vaters praktizierte sie weiter und übernahm schließlich nach seinem Tod 1747 seine Praxis.

Man darf sich dieses Leben nicht so vorstellen wie das einer berufstätigen Frau im 20. oder 21. Jahrhundert. Die Praxis wird ein Raum in ihrem Wohnhaus gewesen sein (falls es dafür überhaupt einen eigenen Raum gab); vermutlich besuchte die Ärztin ihre Patienten überwiegend zu Hause. Eine umfangreiche Ausstattung für die Ausübung der Allgemeinmedizin (denn dem entspricht das, was sie tat, am ehesten) war nicht vonnöten: Das Stethoskop war noch nicht erfunden, die ärztliche Diagnostik war vor allem auf äußere körperliche Anzeichen, genaue Beobachtung, gutes Zuhören und viel Erfahrung angewiesen. Zu den wichtigsten Behandlungsmethoden gehörte neben Medikamenten und Diäten vor allem der Aderlaß, bei dem den Patienten Blutegel auf die Haut gesetzt wurden, die ihnen das vermeintlich überflüssige Blut aussaugten und sie damit von »schlechten« Stoffen im Blut befreiten. Blut galt als wesentlicher Körpersaft, dessen Dicke und Dünne und sonstige Beschaffenheit eine entscheidende Rolle für die Gesundheit spielte, denn er beeinflußte alle Körperteile und Organe und deren Befindlichkeiten und ging, wie man meinte, auch in andere Körpersäfte über.

Die moderne Trennung zwischen Arbeit und Freizeit existierte noch nicht; es gab keine vorgeschriebenen Arbeitszeiten und keine fixierten Löhne, und niemand hatte ein Anrecht auf Feierabend und Wochenenden. Man arbeitete eben, so lange es nötig war, und das war oft ziemlich viel. Für Dorothea Erxleben sind Beruf und Haushaltsführung zweifellos nahtlos ineinander übergangen. Sie war nicht allein für die vielen Kinder und den Haushalt zuständig, dafür gab es Dienstboten. Außerdem war sie ja nicht dauernd abwesend, sondern durchaus ansprechbar und imstande, den Haushalt zu organisieren und zu kontrollieren beziehungsweise häusliche Arbeiten zu übernehmen. Kinder spielten damals ohnehin eine andere Rolle als heute. Man kümmerte sich noch nicht unablässig um sie, ganz zu schweigen davon, daß man mit ihnen gespielt hätte. Man sorgte mehr oder weniger gut für ihr physisches Überleben und dafür, daß sie getauft waren. Sofern man es sich leisten konnte, gab man sie zu einer Amme, wo sie ziemlich häufig starben. Die Kindersterblichkeit war noch im 18. Jahrhundert erschreckend hoch, worauf der Historiker Philippe Ariès das mangelnde Interesse der Eltern an ihren Kindern zurückführt: Warum sollte man sich gefühlsmäßig an ein Geschöpf binden, das ohnehin wahrscheinlich früh sterben würde? Die Philosophin Elisabeth Badinter argumentiert umgekehrt: Die Kinder starben, weil ihnen kein Interesse entgegengebracht wurde; man setzte andere Prioritäten. Die Mehrzahl der Frauen – Bäuerinnen, Handwerkerfrauen – mußte ohnehin immer arbeiten, ganz gleich, ob sie Kinder hatten oder nicht; Erziehungszeiten gab es nicht, Kinder störten, solange sie klein waren. Die besser gestellten Aristokratinnen und Bürgersfrauen hatten wieder andere Aufgaben zu erfüllen, gesellschaftliche Pflichten etwa, bei denen Mutterschaft störend war. Kinder waren nur wichtig als Garantie für das Fortleben einer Familie, für den Bestand eines Betriebs und in den ärmeren Schichten als Sicherheit für das Alter. Man brachte ihnen folglich erst dann Interesse entgegen, wenn sie keine hilflosen Säuglinge mehr waren und man erwarten durfte, daß sie das Erwachsenenalter erreichen würden. Dann wurden sie frühzeitig in die Arbeitsabläufe einbezogen, wenn es nötig war, oder sie wurden für ihre späteren Aufgaben ausgebildet.

Die Vorstellung, daß eine (bürgerliche) Mutter sich ganz und gar um ihren Nachwuchs zu kümmern habe, daß Mutterschaft ein Beruf und eine Berufung sei, kam erst im 18. Jahrhundert auf und setzte sich nur sehr langsam durch, zugleich mit dem Verständnis der Kindheit als eines eigenständigen Lebensabschnitts, dem viel Aufmerksamkeit gebührt. Jean-Jacques Rousseaus einflußreicher Traktat über die Erziehung, »Emile«, erschien erst 1862, also im Todesjahr Leporins. Darin entwarf er das fortan wirksame Ideal einer Frau, die nur noch liebende Mutter und Ehefrau ist und keine anderen Interessen kennt, als ihrem Mann zu gefallen und sich für ihre Kinder aufzuopfern. Nachdem sich dieses zutiefst bürgerliche Ideal erst einmal durchgesetzt hatte, wäre ein Leben wie das der Dorothea Leporin also nur noch schwer durchsetzbar gewesen. Wie gering sie selbst die Rolle der Kindererziehung einschätzte, zeigt sich darin, daß sie in ihrer Abhandlung über das weibliche Studium zwar die Ehe und die Haushaltsführung als mögliche Probleme diskutiert, mit keinem Wort aber Kindererziehung (die in einer entsprechenden Debatte heute die Hauptrolle spielen würde) erwähnt. Gewiß, es gehörte zur Ehe dazu, daß man Kinder bekam und großzog. Dennoch ist es mehr als auffallend, daß sie das nicht eigens anführt, sondern als Nebensache der Haushaltsführung subsumiert.

Ihrer Arbeit aber drohte eine offizielle Beschwerde aus ganz anderen Gründen ein Ende zu machen. Einige Ärzte aus Quedlinburg klagten über die unzähligen Kurpfuscher, Barbiere, Bader, Hebammen und andere, die ihnen, den approbierten Medizinern, die Arbeit wegnähmen. Sie erwähnten namentlich auch die Frau des Diakon Erxleben, der sie vorwarfen, daß sie ganz offen Patienten behandele und sich ihnen gegenüber als Ärztin ausgebe, was ihr aber gar nicht zustehe.

Der Angriff stellte Dorothea Erxleben, die gut ausgebildet war und ihre Arbeit sehr ernst nahm, auf eine Stufe mit den unausgebildeten Pfuschern und Quacksalbern, die es damals in der Tat zuhauf gab, die aus der Not der

Leute Profit schlugen und auf deren Aberglauben setzten, um die skurrilsten und sinnlosesten Behandlungen durchzuführen, die mit Medizin nicht das geringste zu tun hatten. Dorothea Erxleben mußte endlich die Promotion ablegen, um künftig offiziell und unbehindert arbeiten zu können, obwohl sie selbst die Prüfung für überflüssig hielt. In ihrer »Gründlichen Untersuchung der Ursachen, die das weibliche Geschlecht vom Studiren abhalten« hatte sie nämlich geschrieben: »Auch in unseren Tagen ist die Doktorwürde nicht unerläßlich für die Ausübung einer medizinischen Praxis. Wer praktizieren will, muß zwar seine Fähigkeiten vor einem Kollegium nachweisen, aber die »promotio in Doctorem« ist nicht die einzige Möglichkeit der Legitimation. Wer sein Examen besteht, hat sich legitimiert.«[2] Dieser Titel sei noch nicht so lange im Gebrauch, und mancher bewährte Arzt sei »in seinem Beruf alt und grau geworden, ohne promoviert zu haben«.

Das nützte nun alles nichts mehr. Neun Jahre nach der ersten Genehmigung durch Friedrich II. wiederholte sie ihr Gesuch um Zulassung zur Promotion, was erneut bewilligt wurde. Ihre Doktorarbeit war eine »Akademische Abhandlung von der gar zu geschwinden und angenehmen, aber deswegen öfters unsicheren Heilung der Krankheiten«. 1747, mit 39 Jahren, kurz nach der Geburt ihres vierten Kindes, reiste sie schließlich von Quedlinburg nach Halle, um die mündlichen Prüfungen (selbstverständlich in lateinischer Sprache) abzulegen. Sie bestand mit Bravour. Dorothea Christiana Erxleben, geborene Leporin, war damit die erste Frau in Deutschland, die nach gültigen akademischen Standards zur Ärztin approbiert und promoviert wurde.

Sie blieb lange Zeit eine Ausnahme. In Italien war

Laura Bassi 1732 zur Doktorin der Medizin und der Philosophie promoviert worden. In Deutschland wurde Dorothea Schlözer (1770–1825) wie Leporin von ihrem Vater ausgebildet und von einem Gremium bereits 1787 zum Dr. phil. promoviert. Allerdings liegt dieser Fall ein wenig anders, denn Dorothea Schlözer scheint das brennende Interesse Dorothea Leporins an der Sache selbst gefehlt zu haben. Sie muß zwar ein Wunderkind mit umfassender Begabung auf allen möglichen Gebieten des Wissens gewesen sein, aber sie hat nie einen Beruf ausgeübt, denn ihre Ausbildung war, anders als die Dorothea Leporins, von Anfang an nicht professionell orientiert. Es heißt, sie sei gewissermaßen das Vorführmodell ihres Vaters gewesen, der beweisen wollte, daß – entgegen den immer lauter werdenden Stimmen seiner Zeit – Frauen zum akademischen Studium sehr wohl fähig seien. Der Nachweis gelang und wurde außerordentlich gefeiert; Dorothea Schlözer wurde, wie Renate Feyl anschaulich beschreibt, »auf einer unablässig schäumenden Woge der Bewunderung in die Öffentlichkeit gespült. Sie ist der Inbegriff des weiblichen Intellekts. Sie ist der gelehrte Exote, ist genau das, was man ihr gestattet hat zu sein. (...) Dorothea avanciert zur Paradefrau, deren Leistung stellvertretend für das ganze weibliche Geschlecht genannt wird. (...) Man hebt eine einzige Frau bereitwillig ans Licht, um die anderen mit gutem Gewissen im Dunkeln halten zu können.«[3] Dorothea Schlözer erfüllte letzten Endes und auf lange Sicht doch eher die traditionellen Erwartungen an eine gutbürgerliche Frau: Sie ergriff niemals einen Beruf, ließ auch nicht erkennen, daß sie das gewollt hätte. Statt dessen heiratete sie, bekam zu den drei Kindern ihres Mannes aus erster Ehe noch drei eigene Kinder und widmete sich fortan der Häuslichkeit und der gebildeten Geselligkeit.

Ganz anders Dorothea Leporin. Sie wollte offensichtlich aus eigener Motivation heraus Ärztin werden, und nichts deutet darauf hin, daß ihr Vater sie dazu genötigt hätte, im Gegenteil, wenn auch die Wahl dieses Berufes aus familiären Gründen näher lag als die eines anderen. Auch die Energie, mit der sie stets weitergearbeitet hat, läßt auf ein eigenes Interesse schließen – hätte sie andernfalls die Mühe einer Promotion auf sich genommen? Natürlich spielten auch finanzielle Fragen eine Rolle, denn vermutlich mußte sie von einem bestimmten Zeitpunkt an arbeiten, um Geld für den Familienunterhalt zu verdienen (wenngleich sie anscheinend oft Arme behandelte, von denen kein Honorar zu erwarten war). Aber das schließt ihr ureigenstes Engagement für ihren Beruf nicht aus. Und schließlich wäre ein Werk wie ihre in jungen Jahren verfaßte Abhandlung über die Bildungsfähigkeit der Frauen aus der Feder Dorothea Schlözers nicht vorstellbar.

Die »Gründliche Untersuchung der Ursachen, die das weibliche Geschlecht vom Studiren abhalten« ist ein Werk, das auf die Emanzipation der Frauen abzielt und zu beweisen versucht, daß Frauen fähig zur intellektuellen Arbeit sind. Zu den wichtigsten Themen der Frühaufklärung gehörte die menschliche Emanzipation mittels der Vernunft, ihr Ziel war die allmähliche Verbesserung des Menschengeschlechts. Daraus ergab sich die dringliche Frage, wie die Rolle der Frauen festzulegen sei. Wenn man behauptete, daß alle Menschen verstandesbegabt seien, dann mußte man auch die Frauen einschließen. Waren die Frauen aber Menschen? Diese Frage wurde allen Ernstes diskutiert. Der Philosoph René Descartes hatte im 17. Jahrhundert allen Menschen die gleichen Verstandesgaben zugeschrieben; die Unterschiede zwischen den

Geschlechtern rührten seiner Ansicht nach nicht von der unterschiedlichen körperlichen Beschaffenheit, sondern von verschiedenartigen Lebensumständen und den daraus resultierenden unterschiedlichen Ausbildungen her. Descartes diskutiert die Konsequenzen seiner Theorie für die Bestimmung der Geschlechter nicht, er argumentiert vermeintlich geschlechtsneutral und spricht von »homme«, was »Mensch« und »Mann« bedeutet. Ausdrücklich wendet erst der Philosoph Poullain de la Barre Descartes' Thesen auf die Geschlechter an und behauptet, daß, wenn der Geist nicht vom Körper abhänge, die logische Folgerung sei, daß der Geist eben kein Geschlecht habe, und das hieß natürlich, daß Frauen genauso begabt seien wie Männer.

In dieser Tradition argumentiert Dorothea Leporin einige Jahrzehnte später. Es ist aufschlußreich, sich ihre Argumentationsstrategien genauer anzuschauen. Sie habe diesen Text, so behauptet Dorothea Leporin 1742 in ihrem Vorwort, vor mehr als vier Jahren keineswegs mit dem Ziel der Veröffentlichung geschrieben, sondern nur, um ihre eigenen Gedanken zu ordnen. Sie habe sich zwar mit ihrem Schreiben nicht direkt versteckt, aber doch, wenn sie »unverhofft überrascht wurde, (…) das Geschriebene eilig zur Seite« geschafft. Es handelt sich hier wieder um jenen Bescheidenheitstopos, der uns schon bei Maria Sibylla Merian begegnet ist. Ernst nehmen muß man solche Bescheidenheitsfloskeln nicht unbedingt. Aber die Autoren mußten sie formulieren, um sich »dem geneigten Leser« genehm zu machen und seinen Erwartungen zu entsprechen. Eine der Ursachen für diesen Brauch liegt im Mäzenatentum. Als es noch keinen Markt für Kunst und Wissenschaft gab, waren die Künstler und Wissenschaftler auf Mäzene angewiesen,

die sie materiell unterstützten und ihnen damit überhaupt erst ihre Arbeit ermöglichten; diese Mäzene mußte
man sich geneigt stimmen und sie bei guter Laune halten. Außerdem mußte man ihre Qualitäten loben und
preisen, indem man sich selbst im Gegenzug »kleiner«
machte. Das war die Gegenleistung für die Förderung,
die man erhielt. Die Sitte der Bescheidenheitsbekundun-
gen hielt sich jedoch lange über ihren ursprünglichen
Anlaß hinaus, weil sie mittlerweile Bestandteil der Leser-
ansprache geworden war.

Da die Grenzen zwischen Belletristik und wissenschaftlicher Prosa im Barock und im frühen 18. Jahrhundert noch nicht so scharf ausgeprägt waren wie später,
wurde einiges an Rhetorik von einem Bereich in den anderen übernommen. Ein typischer Topos in der Selbstdar-
stellung weiblicher Autoren ist indessen die Behauptung,
die jeweilige Autorin habe eigentlich gar nicht geschrieben, um damit an die Öffentlichkeit zu treten, sondern
nur um des eigenen Vergnügens oder bestenfalls noch um
des Vergnügens der Familienmitglieder willen. Die Litera-
turgeschichte liebt solche Geschichten: Sie wurden zum
Beispiel über die längst berühmte Romanautorin Jane
Austen nach deren Tod 1818 in Umlauf gebracht, einschließlich der Anekdote, sie habe auf dem Küchentisch
geschrieben und ihre Türen nicht geölt, damit sie am
Knarren der Türen habe hören können, wenn jemand
kam, so daß sie sofort ihr Werk verstecken konnte und
niemand merkte, was sie tat.

Frauen traten nicht an die Öffentlichkeit, das war der
Bereich der Männer. Wenn sie es doch taten, mußten sie
es verschleiern, indem sie vorgaben, dazu genötigt worden und in keinem Fall an Ruhm oder Ehre interessiert
zu sein. So auch Leporin, die schreibt, ihr Vater habe ihre

heimlich verfaßte Abhandlung entdeckt und die Veröffentlichung gewünscht; nur töchterlicher Gehorsam sei es, nicht Ruhmsucht oder auch nur das Gefühl, etwas Lesenswertes geschrieben zu haben, was sie zur Publikation bewege. Im Gegenteil: »Wenn ich also jetzt den allzu großen Vorrat an Büchern vermehren helfe, so hoffe ich, daß es mir verziehen wird, da es aus kindlichem Respekt geschieht.«[4] Auf diese Weise tut sie der Form Genüge und sichert zugleich ihr doch eher ungewöhnliches Unternehmen (eine Abhandlung über Wissenschaft aus der Feder einer Frau) gegen Kritik ab, indem sie möglichen Kritikern schon vorab den Wind aus den Segeln nimmt. Nachdem sie sie solcherart freundlich gestimmt hat, kann sie ihre sachlichen Argumente entwickeln, und die sind bei aller Bescheidenheit, mit der sie vorgebracht werden, inhaltlich alles andere als zurückhaltend. Mit unbestechlicher Logik macht sie klar, daß es Zeitverschwendung sei, sich mit der beliebten Frage auseinanderzusetzen, ob Frauen überhaupt Menschen seien oder ob es eine Sorte Menschen geben könne (nämlich die Frauen), die keine Vernunft besitze. Die Vernunft unterscheide den Menschen vom Tier, Gott habe die Menschen nach seinem Ebenbild geschaffen, »folglich sind sie auch mit gleichen Kräften ausgestattet«, ganz gleich, welchem Geschlecht sie angehören.[5]

Ihre Argumentation baut sie in zwei Schritten auf. Jedes Kapitel ist einem der Vorurteile gewidmet, die gegen weibliche Gelehrsamkeit im Umlauf sind. Im ersten Schritt stellt die Autorin die Vorurteile dar, im zweiten Schritt widerlegt sie sie. Die wichtigsten Voreingenommenheiten sind: Frauen seien nicht fähig, etwas Tüchtiges im Studium zu leisten; sie hätten keinen Nutzen davon zu erwarten, da ihr Leben Ehe und Haushalt gewidmet sei; das Studium werde von Frauen mißbraucht, indem es sie dazu verleite, ihre anderen Pflichten zu vernachlässigen, schließlich mache es die Frauen hochmütig. Im Gegenzug argumentiert Leporin nun: Tatsächlich fördere das Studium die Vernunft und auch Tugend (statt sie zu verderben), es ermögliche die Selbsterkenntnis wie die Erkenntnis anderer (statt eitel zu machen), es verhindere, daß junge Frauen den Versuchungen, die auf sie lauern, erliegen, und es erleichtere die Last des Alters »und beschäftigt das Gemüt des Menschen, wenn er wegen seiner körperlichen Schwäche sonst das Joch des Müßiggangs zu ertragen hätte«.[6] Als weitere Gründe, die die Ausbildung der Mädchen verhindern, nennt sie unter anderem den Geiz der Eltern, die in ihrer Kurzsichtigkeit nur den Körper und nicht die Seele ihrer Kinder »ernähren«, sowie die Bequemlichkeit von Kindern und Eltern, obwohl doch der Müßiggang die Menschen unruhig und unzufrieden mache.

Das Widerlegen von Vorurteilen ist ein zentrales Interesse der Aufklärung. Vorurteile beruhen auf Unwissen und Aberglauben; sie sollen in wohlbegründete Urteile überführt werden. Ihre Kompetenz dazu begründet Dorothea Leporin mit einem ähnlichen Argument wie seinerzeit Merian: Seit ihrer Kindheit habe sie sich mit dem Thema beschäftigt. Und natürlich hat sie alle Autoritäten zur Kenntnis genommen, die über das Thema geschrieben haben, und wird sie entsprechend anführen und teilweise widerlegen, womit sie sich in die wissenschaftliche Tradition einreiht. Allerdings meidet sie die Übertreibungen, die die Wissenschaft seit dem Mittelalter auszeichneten, und erklärt kurz und bündig: »Abschreiben ist eine Arbeit, die ich gern anderen überlasse.«[7] Sie möchte gute, das heißt überzeugende Argumente entwickeln und Autoritäten nur anführen, wo es wirklich not tut. So verzichtet sie auch auf die in vergleichbaren Werken übliche Auflistung der vielen gelehrten Frauen, die die Welt gesehen hat. Es gab ganze Bücher, die solche Zusammenstellungen präsentierten; erinnert sei nur an Boccaccios »De claris mulieribus« (um 1360) oder an Christine de Pisans Genealogie im »Buch von der Stadt der Frauen« (1405). Dorothea Leporin setzt deren Kenntnis einfach voraus, um sich eine eigene Aufzählung zu sparen, und erklärt: »Beispiele gelehrter Frauen gibt es in dermaßen großer Zahl, daß ich sehr viele anführen könnte. Aber es wird wohl jeder in der Geschichte der Gelehrten so weit bewandert sein, daß einige Beispiele genügen, um zu beweisen, daß das weibliche Geschlecht ebenso wie das männliche zum Studieren fähig ist.«[8] Nicht die Menge der Beispiele macht es, sondern ihre Qualität – ein durchaus neuzeitliches und dazu noch sehr leserinnenfreundliches Argument.

Zu den wichtigsten Vorurteilen, wider die Leporin argumentiert (und das ist gerade für eine Medizinerin ein entscheidender Punkt), gehört die Temperamentenlehre, genauer: die antike These, daß Frauen feuchterer und kälterer Natur seien als Männer: »Wir bekennen aber frei, daß wir nirgendwo einen Beweis für diesen alten Glauben gefunden haben.«[9] Die alte Medizin wird in aller Selbstverständlichkeit als »Glaube« bezeichnet, der der modernen Wissenschaft nicht standhält – damit macht sie ganz nebenbei klar, daß es keinen Wettstreit zwischen Alt und Modern mehr gibt, wie noch im 17. Jahrhundert, sondern das Moderne längst gewonnen hat, ohne daß man das noch umständlich beweisen müßte. Auch die letztlich immer noch auf der antiken Einteilung basierende, im 18. Jahrhundert durchaus beliebte

Vorstellung von der Vorherrschaft eines bestimmten Temperaments im menschlichen Charakter (des sanguinischen etwa oder des cholerischen) wird als einseitig abgelehnt. Ihre Methode besteht vor allem darin, die logischen Fehler in den gängigen Vorurteilen aufzudecken und sie durch überzeugende, nämlich logische und damit vernünftige Argumente zu entkräften.

Dorothea Leporins Ziel ist es nicht, alle Frauen zu Gelehrten zu machen, es ist bescheidener, aber durch und durch aufgeklärt und zukunftsweisend, denn sie will allen Menschen eine ihren spezifischen Begabungen entsprechende Ausbildung ermöglichen. Das ist zunächst und vor allem einmal schlicht das, was wir als »Allgemeinbildung« bezeichnen würden, ein solides Wissen über die Welt, das nicht direkt in einen Beruf mündet, und zeigt, wie wenig selbstverständlich die Allgemeinbildung der Frauen noch im 18. Jahrhundert war. Es geht Dorothea Leporin mitnichten darum, alle Frauen zur Berufstätigkeit oder gar zur wissenschaftlichen Arbeit aufzufordern, das liegt ihr fern, da sie sehr wohl weiß, daß zwar alle Menschen mit Vernunft begabt sind, aber nicht die gleichen Begabungen haben. Es geht ihr vielmehr um den Nachweis, daß Frauen lernfähig sind, und um eine allgemeine Verbesserung der Menschen und damit auch der Frauen – denn das Studium, ganz gleich welchen Inhalts, fördere Disziplin und Willenskraft und sei daher in jedem Falle zu empfehlen, um, wie wir heute sagen würden, Schlüsselqualifikationen zu stärken. Schließlich zielt sie auf die Aufwertung der Gelehrsamkeit ganz allgemein ab, sei diese doch, so schreibt sie, viel zu schlecht angesehen. Alle Bereiche menschlicher Gesellschaft könnten von größerer Bildung profitieren, auch die Haushaltsführung, die immer als Grund dafür angeführt werde,

daß Frauen keine Zeit zum Studium hätten. Im Gegenteil, meint Dorothea Leporin, denn zwar werde den
Frauen die notwendige Hausarbeit abverlangt, aber niemand bringe ihnen bei, wie man sie schnell und effizient
erledige, im Gegenteil, »das größte Bestreben geht vielmehr dahin, diese zu saurer Arbeit werden zu lassen, wodurch sie um so unvernünftiger ausgeführt wird«.[10] Wenn
sie aber vernünftig ausgeführt werde, bleibe auch noch
Zeit fürs Studium. Ja, Leporin geht so weit, zu fordern,
daß auch Männer etwas von Hausarbeit verstehen sollten, ohne daß sie damit gleich für eine gerechte Auf-
teilung der Pflichten plädierte, das wäre ihrer Zeit nicht
angemessen – aber sie legt in gewissem Sinne die Grundlagen für solche Forderungen.

Wenn allerdings eine Frau auf der Grundlage ihrer
guten schulischen Ausbildung eine Begabung für einen
Beruf entdecke, dann solle sie ihn auch erlernen und ausüben dürfen: »Sollte jedoch die eine oder andere Frau in
den Studien mehr leisten, so daß sie auch anderen dadurch dienen könnte, so sollte man es nicht verhindern,
auch wenn sie dadurch die häuslichen Geschäfte nicht
selbst zu verrichten in der Lage wäre. Dennoch muß sie
die Haushaltsführung kennen – diese ist sozusagen ein
Stück der Gelehrsamkeit –, mag sie dann auch die sauren
und zum Teil niedrigen Arbeiten anderen überlassen.«[11]
Gerade weil es ihnen an den für den Haushalt nötigen
Körperkräften mangele, seien viele Frauen imstande, in
den Studien besonders viel zu leisten. Die Studien schaff-
ten in jedem Fall mehr Nutzen, als sie schaden könnten,
und schließlich sei die Begabung gottgegeben, und jeder
Mensch trage die Verantwortung für die Gaben, die ihm
verliehen wurden, und werde dafür, wie er sie angewen-
det oder vernachlässigt habe, zur Rechenschaft gezogen.

Sowenig der Haushalt eine Frau am Studium hindern müsse, sowenig müsse es die Ehe tun – ein weiteres Argument gegen die weibliche Gelehrsamkeit, das damals oft angeführt wurde und das Leporin sich darum zu entkräften genötigt sieht. »Allerdings muß die gelehrte Frau darauf achten, bei ihren Studien nicht auf Abwege zu geraten und einige Vorsicht an den Tag zu legen, will sie Ehe und Studien miteinander vereinbaren.«[12] Was genau sie damit meint, führt sie nicht aus. Schließlich sei es für einen vernünftigen Mann auch viel naheliegender, sich eine vernünftige statt einer unvernünftigen Frau zu wünschen. Und die wenigen unvernünftigen Männer müsse man nicht beachten, meint sie und argumentiert ganz raffiniert: »Gesetzt also, es hätten einige Männer einen Abscheu vor gelehrten Frauenzimmern. Was würde es uns schaden? Wie wäre es denn, wenn wir hörten, manche Männer bevorzugten blinde Frauen, wollten wir deswegen die Frauen anhalten, sich die Augen auszustechen, damit sie diesen törichten Menschen gefallen?«[13]

Während der Schwerpunkt ihrer Argumentation auf der Allgemeinbildung und dem Erwerb von Schlüsselqualifikationen liegt, spielt die Berufsausbildung für Frauen nur eine untergeordnete Rolle. Das hat mehrere Gründe. Erstens war der Bildungsnotstand für Frauen groß, und es war am wichtigsten, erst einmal einen Grundstock zu legen, bevor man sich vehement für die allgemeine Berufstätigkeit der Frauen einsetzte. Zweitens war es strategisch viel geschickter, die Berufstätigkeit nur ganz nebenbei und scheinbar am Rande zu behandeln. Die Frage der Mädchenbildung spielte in den öffentlichen Diskussionen der Aufklärung eine große Rolle; ganz gleich, ob man dagegen oder dafür war: Sie war ein Thema von öffentlichem Interesse. Insofern war es viel klüger, sich erst einmal in diese Debatte einzumischen und im Rahmen der Argumentation ganz langsam dem erheblich heikleren Thema der Berufstätigkeit anzunähern. So konnte die »Abhandlung« nicht von vornherein als unrealistische Phantasie eines ehrgeizigen Blaustrumpfs diskreditiert werden.

Tatsächlich handelt Leporin im zweiten Kapitel kurz alle Fachgebiete ab. In den »studia humaniora«, den Geisteswissenschaften, sollten Frauen unbedingt zu ihrem allgemeinen Nutzen unterrichtet werden; sie sollten Sprachkenntnisse erwerben, um wichtige Texte einschließlich der Bibel im Original lesen zu können; das Studium der Theologie müsse ihnen erlaubt sein, denn auch wenn Frauen vom öffentlichen Lehramt ausgeschlossen seien, hätten sie doch die Pflicht, Gott zu erkennen; die Rechtsprechung sei wichtig, weil sie einen im täglichen Leben vor Irrtümern bewahre, außerdem habe so manche Frau in der Geschichte ihre Befähigung zum öffentlichen Richteramt bewiesen. Und schließlich kommt sie zu ihrem eigentlichen Thema, gut verborgen in einer Fülle von Argumenten: der Medizin, der sie anders als den anderen Fächern mehrere Seiten widmet. Ihre Argumente sind aber erstaunlicherweise nicht besonders stark, sondern eher allgemeiner Natur. Am wichtigsten scheint ihr, daß Frauen, da sie gesundheitlich anfällig seien, imstande sein sollten, für ihre Gesundheit selbst zu sorgen. Außerdem trage gerade das Studium der Medizin zur Erkenntnis Gottes bei. Keine fachspezifischen Beweisführungen also, sondern eher eine Wiederholung der grundsätzlichen Argumente für das weibliche Studium sowie die Betonung des alltäglichen Nutzens, womit sie den Gegnern der weiblichen Berufstätigkeit und im besonderen ihren eigenen Gegnern den Wind aus den Segeln zu nehmen sucht.

Das gelingt ihr in der »Gründlichen Untersuchung« durchgängig. Ihre Aussagen sind gemäßigt, stets auf den allgemeinen Nutzen bedacht, logisch und vernünftig; sie respektieren immer die Religion (was im 18. Jahrhundert von Bedeutung war), und selbst drastischere Ansichten sind derart formuliert, daß sie nicht beleidigend oder auch nur polemisch klingen. Leporin greift nicht »die« Männer an und verteidigt »die« Frauen, sondern ihr ist durchaus klar, daß viele Frauen die Vorurteile der Männer teilen, manche Männer hingegen liberal und aufgeklärt denken. Konsequenterweise vermeidet sie eine plumpe Polemik, in der Männer und Frauen einander unversöhnlich gegenüberstehen und darum wetteifern, wer von beiden Geschlechtern das bessere, begabtere sei. Vielmehr betont sie, daß beide Geschlechter begabt seien, jedes auf seine Art, und daß man dies erkennen und fördern müsse. Sie konzediert (ob aus Überzeugung oder aus Taktik, sei dahingestellt), daß jedes Geschlecht seine besonderen Aufgaben zu erfüllen habe und daß das auch in Ordnung sei. Sie kritisiert allerdings, daß manches an der menschengemachten herkömmlichen Ordnung der Dinge überholt sei und folglich verbessert werden könne. Als Motto könnte man über ihr Leben und Werk folgenden Satz aus der »Gründlichen Untersuchung« stellen: »Es bleibt jedenfalls gewiß, daß das Studieren die alleredelste Arbeit und allen anderen Professionen vorzuziehen ist. Denn einerseits wird der Verstand und damit der Mensch verbessert, andererseits macht es dem Gemüt Vergnügen; und wenn man auch keine Reichtümer in der Truhe sammelt, so läßt es einen auch nicht arm, sondern man erhält einen um so größeren Schatz im Gemüt.«[14]

Dorothea Leporin-Erxleben starb am 13. Juni 1762.

GABRIELLE ÉMILIE DE BRE
MARQUISE DU CHÂTEL
née en 1706, morte en 174

PHYSIK UND LEIDENSCHAFT:

Emilie du Châtelet
(1706–1749)

»Keine andere Frau war so gelehrt wie sie, & niemals hat
jemand weniger als sie verdient, eine ›gelehrte Frau‹
genannt zu werden: Sie sprach von den Wissenschaften
nur mit denen, von denen sie lernen konnte, & niemals
sprach sie davon, um sich wichtig zu tun.«[1] So würdigte
Voltaire seine verstorbene Freundin Madame du Châtelet
in seinem Vorwort zu ihrer französischen Übersetzung
von Isaac Newtons »Philosophiae naturalis principia mathematica«, dem Hauptwerk der neuzeitlichen Physik.

Emilie du Châtelet, Physikerin, Philosophin, Aristokratin, Gesellschaftsdame, Geliebte, Mutter – diese Frau
spielte in ihrem kurzen Leben viele unterschiedliche
Rollen, und sie spielte sie alle mit gleicher Leidenschaft.
Das wissen wir nicht nur aus Voltaires Zeugnissen oder
denen anderer Zeitgenossen, sondern auch aus ihrer eigenen umfangreichen Korrespondenz, in der sowohl ihre
Liebesbeziehungen als auch ihre wissenschaftliche Tätigkeit zur Sprache kommen. Es sind aufregende Briefe,
Spiegel nicht nur des Lebens einer ungewöhnlichen Frau,
sondern auch einer ganzen Kultur: die der ersten Hälfte
des 18. Jahrhunderts.

Voltaires auf den ersten Blick paradox anmutende
Formulierung, sie sei gelehrt gewesen, aber keine »gelehrte
Frau«, verdient eine kurze Erläuterung. »Les femmes savantes«, die gelehrten Frauen – das war seit dem 17. Jahrhundert in Frankreich zu einem festen Begriff geworden.

Molière hatte mit seiner Komödie gleichen Titels nicht unerheblich dazu beigetragen, das damit verbundene Klischee zu prägen. Molières »femmes savantes« sind eingebildete Angeberinnen, die ihr Wissen beziehungsweise ihr vermeintliches Wissen zur Schau stellen und sich dabei als geistige Hochstaplerinnen entpuppen. Darüber hinaus widersprechen sie allen Regeln des guten Benehmens, indem sie sich der gebildeten Konversation widersetzen, die in den Salons üblich war, und statt dessen der Pedanterie frönen, sich obstinat nur ihrem wissenschaftlichen Thema widmen und damit alle anderen langweilen. Auch an Männern wurde dieses Verhalten kritisiert, Frauen traf es aber in besonderer Weise, denn im Bild der »femme savante« verdichten sich nicht nur Vorurteile gegen eine »engstirnige« Bildung, sondern vor allem gegen die Frauen selbst. Der darin enthaltene Spott richtet sich dabei in erster Linie gegen die Frau, die sich solcherart »lächerlich« macht. In späteren Jahrhunderten wird die »femme savante« dann zum »Blaustrumpf«.

Wenn Voltaire also schreibt, Madame du Châtelet sei äußerst gelehrt, aber keine gelehrte Frau, ist das als großes Kompliment gemeint, denn sie gilt ihm als wahrhaft gebildet, als echte Gelehrte, die um der Sache willen forscht, nicht, weil sie damit in der Gesellschaft angeben kann. Impliziert ist dabei, daß wahre Gelehrsamkeit geschlechtsneutral sei. Aber gleichzeitig reproduziert Voltaire die Vorurteile seiner Kultur gegen Frauen, die offenbar diese Geschlechtsneutralität (die damit unter der Hand zur männlichen Norm wird) häufig nicht erreichen. Ein anderes Mal soll er geäußert haben, Madame du Châtelet sei ein großer Mann, dessen einziger Fehler es sei, eine Frau zu sein. Ein fragwürdiges Kompliment …

Tatsächlich war Madame du Châtelet eine Gelehrte,

die sich monatelang zurückzog, um sich ihren physikalischen Studien zu widmen und Abhandlungen über die Natur des Feuers, die Grundlagen der Physik, die Bibel oder das Glück zu verfassen. Aber sie war auch eine Dame der Gesellschaft, die im geselligen Leben kaum Zeichen ihres wissenschaftlichen Interesses zu erkennen gab, sondern geistreiche Konversation machte, das Theater über alles liebte und begeistert dem Glücksspiel frönte, bei dem sie oft genug verlor. Sie konnte sich das leisten, entstammte sie doch einer zwar nicht wohlhabenden, aber aristokratischen Familie, die immer Kredit bekam – und hatte sie doch Voltaire, der ihr über Jahre immer wieder finanziell zur Seite stand, wenn ihr eigenes Vermögen beziehungsweise das ihres Mannes ausgeschöpft war. »Dear Lover«, schreibt sie noch im Jahr 1743 an Voltaire, »man kann in Zeiten der Not nur bei seinen Freunden Beistand suchen. Ich bitte Sie um Verzeihung, daß ich Ihnen lieber schreibe als mit Ihnen zu sprechen, aber kurz und gut, dear lover, ich brauche ganz dringend 50 Louis, um meine Ausgaben von April zu bestreiten, plus zwölfeinhalb Louis, um meine Glücksspielschulden zu begleichen und um nicht ganz ohne einen Sous dazustehen.«[2] Sie begründete diese finanzielle Notlage damit, daß sie die teure Ausstattung ihres Sohnes habe bezahlen müssen, aber solcherlei Gründe gab es stets vielfältige und immer neue. Das ist übrigens einer der wenigen erhaltenen Briefe Emilie du Châtelets an Voltaire; ansonsten ist die Korrespondenz zwischen diesen beiden, einem der großen Liebespaare der Geschichte, bedauerlicherweise verlorengegangen.

Emilie du Châtelet gehörte zum französischen Hochadel. Sie wurde am 17. Dezember 1706 als Gabrielle-Emilie Le Tonnelier de Breteuil geboren. Ihr Vater Louis Nicolas,

Baron de Breteuil, hatte eine wichtige Stellung am Hof Ludwigs XIV. inne, von ihrer Mutter ist wenig bekannt. Emilie erhielt wahrscheinlich die übliche standesgemäße Erziehung, konnte sich darüber hinaus aber Kenntnisse im Lateinischen und Englischen, in den Wissenschaften und insbesondere in der Mathematik aneignen. Wie die meisten gelehrten Frauen vor dem 20. Jahrhundert verdankte auch Emilie du Châtelet die Grundlagen ihres Wissens der Förderung durch ihren Vater. Erleichtert wurde das zweifellos dadurch, daß die Beschäftigung mit den Wissenschaften (womit im wesentlichen die Naturwissenschaften und die Metaphysik gemeint waren) damals durchaus Mode war: Über Grundkenntnisse zu verfügen, sich darüber angeregt unterhalten zu können gehörte in den gebildeteren Kreisen durchaus zum guten Ton. Man durfte es nur nicht übertreiben, um nicht der verpönten Pedanterie geziehen zu werden. Auch durfte man als Aristokratin nicht den Verdacht erwecken, die Wissenschaften etwa als Beruf ausüben zu wollen – aber warum hätte man das auch tun sollen? Aristokraten, gleich welchen Geschlechts, übten keinen Beruf zum Broterwerb aus, das wäre ehrenrührig gewesen: Sie lebten von ihrem Besitz und verschleuderten ihn im Dienste der Repräsentation. Berufstätigkeit war Sache der Handwerker und der Bürger.

Emilie du Châtelet hatte somit andere Bildungsmöglichkeiten als eine junge Frau aus dem Bürgertum jener Zeit wie beispielsweise Dorothea Leporin. Und sie verfügte über andere Freiheiten, denn zwar waren auch einer Aristokratin engere Grenzen gezogen als einem Aristokraten, aber diese Grenzen waren doch erheblich weiter als die, die eine Bürgerliche einschränkten: Weiblichkeit und Frausein bedeuteten im Adel etwas völlig anderes als im Bürgertum. Das wurde gerade im Verlaufe des 18. Jahrhunderts virulent, in dem sich ein bürgerliches Ethos herausbildete, das sich vom Adel abzusetzen suchte. Dennoch waren auch einer Adligen die ihrem Geschlecht gesetzten Grenzen zuweilen schmerzlich bewußt, und auch ihre Bildung unterlag mehr dem Zufallsprinzip als einem systematischen (Aus-)Bildungskonzept. Madame du Châtelet selbst beklagt 1735 ausdrücklich den Ausschluß der Frauen aus Kunst und Wissenschaft: »Ich fühle das ganze Gewicht des Vorurteils, das uns so universell aus den Wissenschaften ausschließt, und das ist einer der Widersprüche auf dieser Welt, die mich immer am meisten erstaunt haben, denn es gibt große Länder, in denen das Gesetz es erlaubt, daß wir ihr Geschick bestimmen, aber es gibt keines, in dem wir zum Denken erzogen werden.«[3] Wäre sie Königin, würde sie das sofort ändern: »Ich würde einen Mißbrauch abschaffen, der sozusagen die Hälfte der Menschheit unterdrückt. Ich würde die Frauen an allen Rechten der Menschheit teilnehmen lassen, und vor allem an denen des Geistes. Sie scheinen zur Täuschung geboren, und ihrer Seele wird kaum eine andere Betätigung gelassen. Die neue Erziehung würde der Menschheit in jeder Hinsicht guttun. Die Frauen wären mehr wert, und die Männer würden einen neuen Gegenstand der Verehrung gewinnen, und unser Umgang miteinander, der allzu häufig ihren Geist, indem er ihn poliert, schwächt und beschränkt, würde dann nur noch der Erweiterung ihrer Kenntnisse dienen.«[4] Das ist der einzige Text, in dem Madame du Châtelet sich programmatisch zur weiblichen Bildung äußert, und ihre Klagen speisen sich aus eigenen Erfahrungen: Sie ist 29, als sie ihn schreibt, widmet sich erst seit ein, zwei Jahren mehr oder weniger ausschließlich den Wissenschaften und fühlt sich zu alt, um noch wahres Genie zu entwickeln, beziehungsweise sie muß erkennen, daß sie »nur« eine gute Vermittlerin der Gedanken anderer ist, ohne selbst kreatives Genie zu haben. Mit dieser Selbsteinschätzung hat sie recht, allerdings bewertet sie ihre eigenen Fähigkeiten hier negativer, als sie es sonst tut: Sind nicht gute Lehrer und Vermittler ebenso wichtig wie die, die die neuen Ideen entwickeln? An Selbstbewußtsein hat es Madame du Châtelet nie gemangelt. Sie lag aber auch richtig mit ihrer Annahme, daß man in jungen Jahren am besten lernt. Viele Jahre, so schreibt sie über sich selbst, habe sie vergeudet, in dem sie ohne Ziel vor sich hin gelebt und ihren Geist vernachlässigt habe. Man verliere seine Ideen, wenn man sie zu lange nicht pflege, und »der Geist rostet leichter als das Eisen, aber es ist viel schwerer, ihm seinen ursprünglichen Glanz wiederzugeben«.[5]

Vor diesem Hintergrund kann man die allgemeine Klage über die Vernachlässigung der weiblichen Bildung durchaus als persönliche Klage über versäumte Chancen lesen. Es lag Madame du Châtelet fern, sich systematisch für die Verbesserung der Lage der Frauen einzusetzen; ihr eigener Ehrgeiz war zu groß, als daß sie ein Interesse daran hätte haben können, andere neben sich zu dulden. Aber immerhin erkannte sie am eigenen Beispiel die Ungerechtigkeiten des patriarchalen Systems, und sie benannte sie, wenn sie sie auch nicht wirklich gründlich analysierte

Emilie du Châtelet führte, wie sie selbst schreibt, über viele Jahre das ganz normale Leben einer jungen Aristokratin, für die die Wissenschaft allenfalls ein netter Zeitvertreib war. Mit 19 wurde sie mit einem Marquis du Chastellet verheiratet (die Schreibweise »du Châtelet« ist die modernere Variante). Diese Ehe hielt ihr Leben lang, obwohl sie ständig Liebhaber hatte (ihr Gatte hatte vermutlich auch Geliebte, aber über ihn ist wenig bekannt). Mit dem wichtigsten dieser Liebhaber, Voltaire, lebte sie sogar fast fünfzehn Jahre lang zusammen. Voltaire nannte Emilie du Châtelet in seinen Briefen »ma femme«, meine Frau, und das ist, wenn überhaupt, nur teilweise ironisch gemeint. In der Aristokratie war es vollkommen normal, wenn Ehepartner unterschiedliche amouröse Wege gingen. Ehen waren Konvenienzehen, die mit Liebe nichts zu tun hatten, sondern mit der Familie. Man wurde standesgemäß verheiratet, produzierte Nachkommen und verhielt sich in der Öffentlichkeit korrekt (worauf Emilie du Châtelet denn auch stolz war: Sie mache ihrem Mann keine Schande). Damit hatte man seine ehelichen Pflichten erfüllt und konnte sich den wechselnden Amouren widmen.

Die Marquise brachte in den ersten Jahren ihrer Ehe zwei Kinder zur Welt, die überlebten, eine Tochter (1726) und einen Sohn (1727); ein weiterer Sohn starb schon früh. Bereits zu Beginn der Ehe lebte das Ehepaar die meiste Zeit getrennt: Der Marquis, ein Militär, hielt sich in seiner Garnisonsstadt auf, während die Marquise, der es dort zu langweilig war, im Pariser Stadthaus lebte und sich dem mondänen Leben hingab. Der Wissenschaft widmete sie sich zu jener Zeit vergleichsweise wenig; die Jahre gingen mit den üblichen geselligen Verpflichtungen ins Land (für die sie, wie sie schreibt, geboren zu sein glaubte) – und mit Liebesaffären. Madame du Châtelet war, wie schon erwähnt, eine leidenschaftliche Frau, sinnlich, besitzergreifend und eifersüchtig. Als ihr erster Geliebter (zumindest der erste, von dem man weiß) sich von ihr trennen wollte, empfing sie ihn zu einem letzten Gespräch, das in ruhiger Atmosphäre verlief. Sie bat ihn, ihr eine Tasse Tee zu reichen, und trank diese aus. Zum Abschied übergab sie ihm einen Brief mit der Bitte, diesen erst später zu öffnen. Der Herr war neugierig und erbrach den Brief schon auf der Straße – zum Glück. Was er las, veranlaßte ihn, sofort zurückzueilen: Madame schrieb ihm, er habe sie getötet, das Getränk in der Tasse, die er ihr gereicht habe, sei vergiftet gewesen. Sie wurde gerettet, aber die Beziehung war dennoch zu Ende.

In einem Brief an an Jacques François Paul Aldonce de Sade schreibt sie bereits 1733: »Ich gebe mich dem gesellschaftlichen Leben hin, ohne es besonders zu mögen. Ganze Tage sind so unmerklich miteinander verkettet, daß sie vorübergehen, ohne daß man bemerkt, daß man gelebt hat …«[6] Später beurteilt sie diese Jahre als Zeitverschwendung: Statt ihre Talente auszubilden, als ihr Geist noch flexibel und aufnahmefähig war, habe sie nur gesellschaftliche Pflichten erfüllt.

1733 lernte Madame du Châtelet Voltaire kennen, den sie als Kind schon einmal getroffen hatte. Man fand mannigfache Gesprächsthemen, und bald begannen die beiden Verhältnis miteinander. Das hinderte Emilie du Châtelet jedoch nicht daran, noch einen anderen Geliebten zu haben, was Voltaire wiederum mit Anstand hinnahm, vielleicht auch deshalb, weil er sich seiner eigenen sexuellen Trägheit bewußt war und deswegen nichts dagegen hatte, daß die sinnliche Emilie du Châtelet die Befriedigung ihrer Begierden anderswo suchte. Es handelte sich zunächst um den Comte de Richelieu, der anschließend einer ihrer besten Freunde und wichtigen Briefpartner blieb. Sie wohnte zusammen mit Voltaire seiner Heirat bei und war auch mit seiner Frau gut befreundet. Danach verliebte sie sich in den renommierten Physiker

Maupertuis, der die damals noch nicht etablierte Lehre Newtons in Frankreich propagierte.

Voltaire führte Maupertuis als Physiklehrer bei Madame du Châtelet ein, als sie sich ernsthaft mit der Wissenschaft zu befassen wünschte und dringend einen guten Lehrer brauchte. Damals war es möglich, ja üblich, daß Spezialisten als Privatlehrer für wohlhabende Laien engagiert wurden, was man jedoch nicht mit einer Position des Hauslehrers für die Kinder verwechseln darf. Eine solche wäre in der Regel unter der Würde eines avancierten Wissenschaftlers gewesen.

Madame du Châtelet verliebte sich leidenschaftlich in Maupertuis. Sie lernte mit großem Eifer, um, wie sie behauptete, ihm zu gefallen. Das mag man glauben oder nicht. Sie schämte sich angeblich für ihre mangelnden Fortschritte und forderte ihn immer wieder auf, sie zu besuchen und ihr bei diesem oder jenem Problem zu helfen, ihr eine Aufgabe zu stellen, sie weiter zu unterrichten – Vorwände, in denen der Wunsch zu lernen eine enge Verbindung mit dem Wunsch, den Geliebten zu sehen, einging. Maupertuis scheint es mit dieser Beziehung weit weniger ernst gewesen zu sein als ihr. Je mehr sie ihn bedrängte, desto mehr mied er ihre Gesellschaft. Denn im Gegensatz zu ihrem Verhältnis zu Voltaire, das zunächst eher zurückhaltend gewesen zu sein scheint, war ihre Beziehung zu Maupertuis ausgesprochen stürmisch. In Paris kursierten Gerüchte darüber, daß sie ihn verfolge und nicht einmal davor zurückschrecke, ihm in Männerkleidern an Orten nachzustellen, wo Frauen keinen Zutritt hatten. Immer wieder schrieb sie ihm dringende Briefe und Billetts: »Ich habe nach Ihnen zur Akademie und nach Hause geschickt, um Ihnen ausrichten zu lassen, daß ich den heutigen Abend zu Hause verbringe. Ich habe ihn mit Binomen und Trinomen verbracht. Ich kann nicht weiterstudieren, wenn Sie mir keine Aufgabe stellen, was ich mir sehnlich wünsche. Morgen gehe ich erst um sechs Uhr aus. Wenn Sie gegen vier zu mir kommen könnten, könnten wir ein paar Stunden arbeiten.«[7] Er antwortet nicht, sie schreibt erneut, er läßt sich bitten. Sie ist eifersüchtig: »Sie lassen mich, mein Herr, die Qualen und die Unruhe der Abwesenheit leiden. Ich glaube immer Madame de Lauraguais vor mir zu sehen, wie sie Ihnen schöntut, und ich fürchte, daß Sie nicht Philosoph genug sind, um ihr zu widerstehen.«[8] Als ihr jüngster Sohn stirbt, schreibt sie ihm: »Gestern nacht ist mein Sohn gestorben, ich gestehe es, mein Herr, ich bin außerordentlich betroffen. Wie Sie sich denken können, gehe ich nicht aus. Wenn Sie kommen möchten, um mich zu trösten, werden Sie mich allein finden. Ich habe angeordnet, niemanden vorzulassen, aber ich spüre, daß es keine Gelegenheit gibt, in der ich mich nicht außerordentlich freuen würde, Sie zu sehen.«[9] Der Tod dieses Kindes – damals ein häufiges Schicksal, was nicht unbedingt besondere Trauer auslöste – bekümmert und ärgert sie tatsächlich mehr, als sie zunächst geglaubt hätte, wie sie an ihren Freund de Sade schreibt: »Ich habe gemerkt, daß die Gefühle der Natur in uns existieren, ohne daß wir es ahnen.« Aber sie fährt seltsam ungerührt fort, indem sie ihm von ihren alltäglichen Beschäftigungen berichtet, von einem geplanten Schauspiel und von dem Tod eines Bekannten.[10]

Als Voltaire aus politischen Gründen Paris für eine Zeitlang verlassen mußte, bot sie ihm den Landsitz Cirey als Zufluchtsort an, zögerte aber lange, ihn dorthin zu begleiten. Sie hoffte auf die Fortführung der Liebesbeziehung mit Maupertuis; es fiel ihr außerdem schwer, die

Vergnügungen und Abwechslungen des Stadtlebens gänzlich aufzugeben. Langsam aber deutete sich eine Verschiebung ihrer Interessen und Neigungen an. Dem Herzog von Richelieu vertraute sie ihre Furcht an, Voltaire zu verlieren, wenn er in Paris bleibe: Dort könne sie seine Einbildungskraft nicht zügeln, und er werde sich auf Abwege begeben. Sie merkte offensichtlich, daß diese Beziehung so, wie sie bislang war, nicht weitergehen konnte, und sie schreibt, sie liebe Voltaire genügend, um auf das Vergnügen, in Paris zu leben, zu verzichten, um statt dessen in Ruhe mit ihm zu leben und ihn seinen Unklugheiten zu entreißen. Nur die Anwesenheit des Ehemannes müsse irgendwie geregelt werden, und da zähle sie auf ihren Freund Richelieu.

Schließlich – 1735 – entschied sie aber doch, sich mit Voltaire aufs Land, nach Cirey, zurückzuziehen, um dort gemeinsam zu studieren, zu experimentieren, zu diskutieren. Es begannen die fruchtbaren Jahre des Zusammenlebens und der Zusammenarbeit Madame du Châtelets und Voltaires, aus der viele wissenschaftliche Veröffentlichungen beider hervorgingen. Diese Jahre waren auch die Hoch-Zeit ihrer Liebe, die nun ausschließlicher war als in den zwei vorhergehenden Jahren. Selbst für damalige Zeiten war es erstaunlich unverblümt, daß eine Frau mit ihrem Geliebten im Hause ihres Ehemannes zusammen lebte. Doch der Ehemann der Marquise, der sie dort oft besuchte, war mit diesem Arrangement offenbar einverstanden, auch wenn sich hin und wieder spitze Zungen darüber mokieren mochten.

Als die Marquise sich zur Übersiedlung nach Cirey entschloß, war Voltaire schon länger dort, er hatte bereits – auf seine Kosten, denn er war ein wohlhabender Mann – mit dem Umbau des einigermaßen heruntergekommenen Hauses begonnen, wobei sie ihm nun half, indem sie viele seiner Pläne umstürzte und andere an ihre Stelle setzte. Noch Jahre später waren Umbau und Renovierung nicht beendet. Madame de Graffigny, die Ende 1738 einige Zeit Hausgast in Cirey war, beschreibt in ihren Briefen das Haus, in dem ausschließlich die Räume der Bewohner bequem und elegant seien. Mit Entzücken äußert sie sich über die geschmackvollen Räume Voltaires. Das Gästezimmer hingegen, in dem zu hausen sie gezwungen sei, sei unrenoviert, völlig dunkel, zugig, unbequem und mit einigen wenigen alten, abgenutzten, nicht zusammenpassenden Möbeln eingerichtet: »Im übrigen ist alles außer den Wohnungen der Dame und Voltaires eine ekelhafte Schweinerei.«[11] In den ersten Jahren in Cirey war Emilie du Châtelet vor allem Schülerin; gemeinsam mit Voltaire erarbeitete sie sich die Grundlagen der Physik, der Geometrie und Algebra. In ihren Briefen an unterschiedliche Briefpartner (darunter weiterhin Maupertuis) fragte sie bezüglich ihrer eigenen Arbeit eher um Rat und Unterweisung, als echte Auseinandersetzungen zu führen. Erst einige Jahre später, als sie sich als Gelehrte sicher fühlte, tauschte sie sich mit verschiedenen Wissenschaftlern ausführlich und gleichberechtigt über die Arbeit aus.

Voltaire widmete sich nicht nur der Wissenschaft, sondern außerdem seinen Dichtungen: »Voltaire schreibt die Geschichte von Ludwig XIV. und ich newtoniere, so gut es eben geht«, schreibt sie im Januar 1736.[12] Auch Voltaire begeisterte sich für die Lehre Newtons, aber man ist heute der Ansicht, daß er nie ein so tiefes Verständnis davon erlangte wie seine Gefährtin und daß sie die treibende Kraft in der gemeinsamen wissenschaftlichen Arbeit war. Sein Hauptberuf war und blieb die Literatur, und einige Jahre später entschied er sich auch dafür, die Physik zugunsten der Literatur wieder aufzugeben. Während der Jahre in Cirey aber forschte er zusammen mit Madame du Châtelet, beide lasen, diskutierten, führten Experimente durch, schrieben. »Sie verdreht ihm den Kopf mit ihrer Geometrie«, schreibt Madame de Graffigny im Jahr 1739, als beider Leben bereits seit vier Jahren von der gemeinsamen Forschung bestimmt wurde, »die das einzige ist, was sie liebt. Es ist erstaunlich, wie wenig sie von Geschichte und Literatur versteht.«[13] Empört berichtet sie ihrem Briefpartner, »die Dame« hindere Voltaire daran, seine Geschichte Ludwigs XIV. fertigzustellen, indem sie das unfertige Manuskript unter Verschluß halte. Andererseits wird am Abend immer wieder aus Voltaires literarischen Texten vorgelesen, man erörtert sie, kritisiert sie, und auch Madame du Châtelet beteiligt sich eifrig an solchen Gesprächen. Ihr eigener Briefwechsel ist tatsächlich voller Hinweise auf ihre Bemühung um Voltaires Arbeit und sein Wohlergehen; es gibt lange Phasen, in denen sie mehr darüber schreibt als über ihre eigene Arbeit. Allerdings zeichnen ihre Kommentare sich in der Tat nicht unbedingt durch profunde literarische Sensibilität aus, es sind eher Urteile allgemeineren Charakters sowie pragmatische Erwägungen, die sie äußert. Voltaire behauptet allerdings in seinem Nachruf auf sie, Madame du Châtelet habe das philosophische Denken mit einem lebhaften und delikaten Sinn für die schöne Literatur verbunden.

Madame de Graffignys Briefen verdanken wir anschauliche, wenn auch wenig objektive Berichte über den Lebens- und Arbeitsstil Madame du Châtelets und Voltaires. Durch eine mißglückte Ehe völlig verarmt, war Madame de Graffigny zu jener Zeit gezwungen, sich Einladungen von Freunden oder Bekannten zu verschaffen, um eine Weile bei ihnen auf deren Kosten zu leben. Erst viele Jahre später wurde sie als Schriftstellerin erfolgreich genug, um selbst wieder einen Hausstand gründen zu können. Sie muß diese Abhängigkeit gehaßt haben. Ihre Einstellung gegenüber Madame du Châtelet, ihrer Gastgeberin, ist nur notdürftig freundlich. Den meisten ihrer Briefe kann man eine tiefe Abneigung gegen sie entnehmen, während sie Voltaire, den berühmten Dichter, geradezu anbetet. Ihn nennt sie immer bei seinem Namen, Madame du Châtelet hingegen ist für sie »la dame«. Am Tage nach ihrer Ankunft beschreibt sie »die Dame« mit unverkennbarer Ironie: »Sie spricht außerordentlich schnell (…). Sie spricht wie ein Engel, das habe ich schon erkannt. Sie trägt ein Kleid aus indischer Baumwolle, eine große schwarze Schürze und ihre schwarzen Haare sehr lang und hinten auf den Kopf hochgesteckt und gelockt wie bei kleinen Kindern. Das steht ihr sehr gut.«[14]

Den Tagesablauf in Cirey Ende der 1730er Jahre schildert Madame de Graffigny folgendermaßen: Von vormittags bis mittags werde in Voltaires Galerie Kaffee getrunken. »Der Kaffee wird zusammen mit der Geometrie, der Physik und Herrn Algarottis Dialogen über den Newtonianismus eingenommen.«[15] Dann beschäftigen sich alle für sich. Gegen vier Uhr nachmittag gebe es einen Imbiß, an dem sie selten teilnehme. Danach ziehen sich erneut alle zurück, die Gastgeber arbeiten. Abends um neun werde gegessen, wobei M. de Châtelet meistens am Tisch einschlafe; gegen Mitternacht ziehe man sich zurück, was nicht heiße, daß alle zu Bett gehen: Madame du Châtelet beispielsweise arbeite häufig die halbe Nacht durch.[16] Die gemeinsamen Mahlzeiten werden durch endlose Gespräche gewürzt: über Naturwissenschaften,

Philosophie und – was Madame de Graffigny am liebsten ist, weil sie sich da am kompetentesten fühlt und ihr Rat gefragt ist – über Literatur. »La Pucelle« und »Le Mondain« gehören zu den Werken, an denen Voltaires zu dieser Zeit arbeitet und von denen immer wieder die Rede ist. Manchmal streiten sich Madame du Châtelet und Voltaire, und der aufmerksamen, aber voreingenommenen Beobachterin de Graffigny ist klar: »Sie macht ihm das Leben ein wenig schwer.« Denn Madame will, daß Monsieur sich mehr mit Newton beschäftige und weniger Verse schmiede, was ihm aber gar nicht gefällt; ihm ist bei aller Begeisterung für die Physik die Literatur immer wichtiger. Immerhin veröffentlicht Voltaire noch vor ihr seine Abhandlung über Newton; die Argumente beider ähneln sich sehr, was angesichts ihrer engen Zusammenarbeit kein Wunder ist.[17]

Zur Unterhaltung spielte man in Cirey zuweilen Theater, wobei die künstlerische Betätigung von Amateuren in jener Zeit eine wichtige Form der gesellschaftlichen Unterhaltung war. Es existierte noch keine allgegenwärtige Unterhaltungsindustrie, und Theater und Konzerte waren in viel höherem Maße als heute Sache von Laien, zumal auf dem Land, wo es nicht die Vergnügungsangebote einer Großstadt gab. In Madame de Graffignys Briefen findet man, ebenso wie in denen der Madame du Châtelet, immer wieder Hinweise auf Inszenierungen, die man einübte und in denen jeder, der anwesend war, eine Rolle übernahm. Oft wurden Dramen Voltaires aufgeführt, zuweilen auch andere Stücke. Manchmal war die Qualität der Aufführungen gut, manchmal fürchterlich, wie bei Laienschauspielern kaum anders zu erwarten. Madame de Graffigny beschreibt die letzte Aufführung, der sie beiwohnte, sehr kritisch: »Voltaire beherrschte seine Rolle nicht, keine zwei Verse nacheinander, ich übertreibe nicht. Madame du Châtelet spielte zum Kotzen, ohne Seele, alles im gleichen Ton, sie skandierte die Verse abgehackt, Silbe für Silbe (...). Monsieur de Châtelet hat nur gestammelt und buchstäblich nicht einen Vers gesagt, der einer gewesen wäre. Dem kleinen Corasmin wurde die Rolle Wort für Wort souffliert. Ich hatte beim Spielen den Text in der Hand. Alles andere ging schrecklich schlecht.«[18]

Das Essen, das als ein wesentlicher Bestandteil des geselligen Lebens die Tage gliederte, war oft nicht besonders gut, denn Madame du Châtelet legte nicht viel Wert darauf und war außerdem in diesem Punkt geizig, wie viele Zeitgenossen bezeugen. Alles andere als kleinlich war sie jedoch, wenn es um ihren Schmuck, ihre Kleider und ihre Bibelots ging. Madame du Châtelet war berühmt für ihre Vorliebe für opulenten Schmuck und ebensolchen Putz und wurde dafür auch ausreichend verspottet, denn es scheint ihr am nötigen Geschmack gefehlt zu haben – sie bevorzugte die prunkende Fülle. »Sie hat mir ihre Schmuckschatulle gezeigt«, schreibt Madame de Graffigny, »diese ist viel schöner als die von Madame de Richelieu. Ich komme über mein Staunen nicht hinweg, denn als sie in Craon war, besaß sie nicht einmal eine Tabaksdose aus Schildpatt. Sie hat bestimmt 15 oder 20 wunderschöne aus Gold, aus Edelsteinen, aus Lack, aus emailliertem Gold, das gerade Mode ist und außerordentlich teuer sein muß, und genauso viele andere Stücke, das eine großartiger als das andere, Jaspisuhren mit Diamanten, Etuis, unglaublich viel Zeug. Ich komme nicht darüber hinweg, denn sie sind nie reich gewesen. Nicht besonders schöne Diamanten, aber viele Ringe mit seltenen Steinen, Berlocken ohne Ende und von jeder Art.«[19]

Diese Schilderung impliziert, daß es offenbar Voltaire gewesen sein muß, der seiner Geliebten all diese Dinge geschenkt hat, denn, wie Madame de Graffigny bemerkt, die Familie selbst war nie vermögend. Diese Briefschreiberin beherrscht die Kunst der unausgesprochen bleibenden, aber dennoch unüberhörbaren Mitteilung perfekt.

Man kann sich fragen, ob Emilie du Châtelets Vorliebe für Schmuck und Kleider als Gegengewicht zu ihren eher »männlichen« Beschäftigungen diente, mit der sie dann doch noch ihre Weiblichkeit unter Beweis stellte. Das scheint mir freilich ein wenig weit hergeholt, denn für Madame du Châtelet bestand wahrscheinlich kaum ein Widerspruch zwischen den verschiedenen Facetten ihrer Person. Das Tragen von Schmuck und das Sammeln kostbarer Gegenstände war in ihren Kreisen üblich; sie wich nur insofern davon ab, als sie es übertrieb und darüber hinaus den Schmuck nicht geschmackvoll auszuwählen und zu tragen verstand. Böse Zungen behaupteten, sie hätte damit darüber hinwegtäuschen wollen, wie häßlich sie war. Auch das läßt sich kaum belegen, denn sie scheint zwar tatsächlich keine Schönheit gewesen zu sein, aber ob sie wirklich häßlich war, darüber gehen die Meinungen auseinander, und die erhaltenen Porträts sind nicht besonders zuverlässig.

Die infamste Schilderung Madame du Châtelets findet sich in einem Nachruf der Madame du Deffand aus dem Jahre 1777, die sie aus tiefstem Herzen gehaßt haben muß, wahrscheinlich aus persönlicher Frustration, wie Theodor Besterman vermutet, aus böswilliger Ignoranz und ungestilltem Konkurrenzdenken. Madame du Deffand schreibt: »Stellen Sie sich eine große und trockene Frau vor, ohne Hintern, ohne Hüften, mit gerader Brust, zwei kleinen Brüsten, die von weither kommen, dicken

Armen, dicken Beinen, riesigen Füßen, ein sehr kleiner Kopf, ein scharfes Gesicht, eine spitze Nase, zwei kleine meergrüne Augen, ein dunkler Teint, rot, erhitzt, ein platter Mund, schlechte Zähne mit vielen Lücken. Das ist das Äußere der schönen Emilie, auf das sie selbst so stolz ist, daß sie nichts ausläßt, um es zur Geltung zu bringen: Frisur, Pompons, Edelsteine, Glas, alles im Überfluß (…) Ohne Talent, ohne Gedächtnis, ohne Geschmack, ohne Vorstellungskraft geboren, hat sie Geometrie studiert, um sich über andere Frauen zu stellen, ohne zu ahnen, daß Einzigartigkeit noch keine Überlegenheit bedeutet.«[20] Hier wird offensichtlich, was die Schreiberin bewegt: Neid und Eifersucht auf eine Geschlechtsgenossin, die die ihrem Geschlecht gesetzten Grenzen überschreitet und damit allen anderen Frauen vor Augen führt, daß es auch anders geht, wenn man nur die entsprechende Begabung und Tatkraft besitzt. So wird Madame du Châtelet, eine vielleicht nicht immer sympathische, aber in jedem Fall außergewöhnliche, begabte und weltläufige Frau, mit einemmal zu einer lächerlichen Figur ohne Begabung und Geschmack – eine armselige, aber dennoch überaus wirksame Diffamierung: Denn sie nimmt die Rezeption Madame du Châtelets durch die Nachwelt voraus. Man vergaß sie, und wenn man sich an sie erinnerte, dann als an die Geliebte Voltaires, die von ihm all seinen Glanz erhalten, von seinem Ruhm profitiert habe und ohne ihn nichts gewesen wäre. Durch Forschungen des 20. Jahrhunderts wissen wir, daß es sich so nicht verhält, sondern daß die Anregungen gegenseitig waren und Voltaire in vieler Hinsicht von Madame du Châtelet angeregt wurde.[21] Und je sicherer sie ihrer eigenen Leistung wurde, desto kritischer trat sie gegenüber anderen auf. Da tauschte sie sich dann in ihren Briefen von gleich zu gleich mit Maupertuis, François Jacquier, Bernoulli und anderen aus, fand Algarottis Werk längst zu verein-fachend-populär und riet dem preußischen König Friedrich II., sich mit der Lehre Newtons zu befassen.[22] Der reagierte auf diesen Hinweis mit Befremden, denn er war der Ansicht, sie – die erheblich profundere Kenntnisse als er hatte – verstehe nicht viel von Physik.

Die Lehre Isaac Newtons war in Frankreich in der ersten Hälfte des 18. Jahrhunderts noch keineswegs allgemein anerkannt. Es dominierten hier der Cartesianismus und die Theorie vom Weltall als einem Mechanismus von Wirbeln, also einem Zusammenspiel mechanischer Bewegungsabläufe. Newtons Theorie von der Gravitationskraft, die sämtliche Himmelskörper aufeinander ausüben, und seine These, die Erde sei an den Polen abgeflacht, wurde von traditionelleren wissenschaftlichen Kreisen abgelehnt. Madame du Châtelet erklärte: »Man will einfach nicht, daß Monsieur Newton in Frankreich recht habe.«[23] Kein Wunder: »Die Bedeutung von Newtons ›Principia‹ ging weit über die Bereiche von Physik und Astronomie hinaus«, schreibt Jürgen Hamel in seiner »Geschichte der Astronomie«. »Sie beeinflußten ein ganzes Weltbild und wurden zum Symbol der mathematischen Weltbeschreibung, einer speziellen Denk- und Forschungsrichtung.«

In den gebildeten Zirkeln interessierter Laien wurde der Newtonianismus indes bald Mode; man befaßte sich mit ihm, diskutierte über ihn. Und das betraf auch Frauen: Francesco Algarottis »Newtonianismo per le dame« erschien 1737 und war einer der bekanntesten und erfolgreichsten Versuche, die komplexe Lehre für ein Laienpublikum aus Damen der höheren Gesellschaftsschichten zu popularisieren. Madame du Châtelet förderte Algarotti längere Zeit; sie hatte ihn in Cirey zu Gast und legte ihm 1736 recht unverblümt nahe, ihr das Werk zu widmen. Sehr wichtig nahm sie übrigens zu jenem Zeitpunkt auch Voltaires Widmung der »Alzire« an sie, und sie setzte einem Freund ausführlich auseinander, warum sie Widmungen in Prosa höher schätze als solche in Versen: Letztere verdankten mehr der Einbildungskraft als der Person, um die es geht. Das heißt, sie möchte nicht als Phantasiegebilde, sondern als die Person, die sie ist, im Werk Voltaires auftauchen. Das war zu einer Zeit (1735/36), als sie, wie Elisabeth Badinter es nennt, noch nicht begriffen hatte, daß Ehrgeiz nicht durch solcherlei Gefälligkeiten befriedigt wird und daß wahrer Ruhm nicht darin besteht, daß man die Werke anderer gewidmet bekommt, sondern indem man selbst welche schreibt.

Im Laufe der folgenden Jahre entwickelte sich Emilie du Châtelet zu einer bedeutenden Kennerin der zeitgenössischen Physik. Ihre wissenschaftliche Arbeit wurde immer wieder unterbrochen von Phasen, in denen sie sich der Verwaltung ihres Besitzes widmen und im Zusammenhang damit auch viel reisen und mehrere Prozesse führen mußte. Aber ihre Leidenschaft gehörte ihrer Wissenschaft (und ihrem Geliebten). Sie befaßte sich mit den unterschiedlichsten Themen. Zur Physik kamen zunehmend auch, als deren Grundlagen, Geometrie und Algebra. Eine Zeitlang führten Madame du Châtelet und Voltaire täglich nach dem Frühstück lange Gespräche über die Bibel, aus denen Emilie du Châtelets fünfbändiger Bibelkommentar »Examen de la Genèse« (postum in Auszügen) und Voltaires »La bible enfin expliquée« (1776) resultierten. Beide Texte zeigen inhaltliche Ähnlichkeiten; beide weisen mit dem philosophischen Instrumentarium ihrer Zeit (Skepsis gegenüber dem Unbewiesenen, Logik) die Unglaubwürdigkeiten und Widersprüchlichkeiten des biblischen Textes (keineswegs nur der Genesis) nach und verweisen auf die ungesicherte Überlieferungsgeschichte. Ebenso viele Übereinstimmungen weisen Madame du Châtelets »Institutions de physique« mit Voltaires »Elements de la philosophie de Newton« und seinem »Traité de metaphysique« auf, den er auf ihre Anregung hin geschrieben haben soll.

1738 schreibt sie ihre Abhandlung über die Natur und die Verbreitung des Feuers. Voltaire hatte eine Abhandlung über das gleiche Thema in Arbeit; er wollte sie der Akademie der Wissenschaften einreichen, die einen Preis ausgeschrieben hatte. Madame du Châtelet kam in ihren Diskussionen mit ihm zu abweichenden Auffassungen, die sie ihrerseits in einer Abhandlung niederlegte – sie verfaßte sie hinter seinem Rücken, bei Nacht, und reichte sie heimlich ein. »Sie schlief nur eine Stunde; wenn der Schlaf sie überwältigte, hielt sie ihre Hände in Eiswasser, ging umher und schlug die Arme um sich und schrieb dann die abstraktesten Argumente nieder (…). So verbrachte sie acht Nächte nacheinander«, schreibt Madame de Graffigny am 25. Dezember 1738 voller Bewunderung.

Heimlich einen eigenen Text zu schreiben und einzureichen, der quasi in Konkurrenz zu dem Voltaires stand – das ist zweifellos ein etwas befremdliches Vorgehen, aber Voltaire scheint es ihr nicht übelgenommen zu haben. Typisch für Madame du Châtelet war ihr rücksichtsloses Engagement: Sie begnügte sich mit wenigen Stunden Schlaf, beutete sich und ihre Gesundheit zugunsten ihrer Studien aus – wahrer Ehrgeiz, wie Elisabeth Badinter in ihrem Buch über den weiblichen Ehrgeiz im 18. Jahrhundert ausführt.[24] Emilie du Châtelet verband unstillbaren Wissensdurst mit dem brennenden Wunsch nach persönlichem Ruhm; beides zusammen war wahrscheinlich eine unschlagbare Mischung. Sie hatte auch keinerlei Skrupel, von anderen zu nehmen, was sie bekommen konnte, und war offensichtlich der Auffassung, daß es ihr zustehe – vielleicht ein Erbe ihrer aristokratischen Herkunft, das ihr beim Streben nach immer mehr Wissen und immer mehr Erfolg nur nützen konnte.

Weder Madame du Châtelets noch Voltaires Arbeit wurden ausgezeichnet, weil die Akademie nicht von den Thesen und Erklärungen über die Natur des Feuers überzeugt war, aber beide Texte wurden gedruckt, weil sie zu den besten eingesandten Arbeiten gehörten. Und Madame de Graffigny betonte trotz ihrer Voreingenommenheit gegenüber Madame du Châtelet, daß ihr Manuskript bei weitem das bessere von beiden sei: »Ich habe begonnen, die Abhandlung über das Feuer von Mme du Chatelet zu lesen (...). Das ist das beste, was man über dieses Thema schreiben kann, klar, präzise und gut argumentiert; M de Voltaire möge mir verzeihen, aber es ist viel besser als sein Text.«[25]

Die Abhandlung über das Feuer ist heute nur noch von wissenschaftshistorischem Interesse, wie so vieles aus der Feder von Madame du Châtelet. Es geht unter anderem darum, ob das Feuer Eigenschaften der Materie besitze, ob es kompakt und undurchdringlich sei, der Erdanziehung unterliege und so weiter. Madame du Châtelet vertritt die Auffassung, das Feuer sei die Seele der Welt und der Lebensatem, den der Schöpfer seinem Werk verliehen habe. Es sei Ursache jeder Bewegung und damit des Wachsens und der Auflösung der Körper; es sei überall und in allen Körpern vorhanden (hier meint sie eher die Wärme als das Feuer) und wirke auf sie alle ein; es strebe nach einem Gleichgewicht der Wärme zwischen den Körpern.

An dieser Argumentation wird deutlich, daß für Madame du Châtelet wie für ihre Zeitgenossen die Physik noch nicht zu trennen war von der Metaphysik. Das Wesen der Dinge, ihr Sinn und ihre Funktionsweise konnten nicht unabhängig voneinander betrachtet werden. Hatte man, grosso modo, im 17. Jahrhundert neue Methoden der Betrachtung und Erforschung der Welt entdeckt, neue Instrumente erfunden, mit denen man sowohl das Kleinste (Mikroskop) als auch das Entfernteste (Fernrohr) zu sehen vermochte, so begeisterte man sich in der ersten Hälfte des 18. Jahrhunderts für die Erde, ihre Bewohner, deren Glück und für das Leben als solches. Man suchte Zusammenhänge und Möglichkeiten, die Lebensbedingungen und die Moral der Menschen zu verbessern, und man glaubte, daß vieles schon mit Hilfe größeren Wissens bewerkstelligt werden könnte. So ist es wenig erstaunlich, daß Voltaire sowohl naturwissenschaftliche als auch philosophische sowie literarische Werke veröffentlichte oder Madame du Châtelet neben ihrer Einführung in die Physik auch eine Abhandlung über das Glück oder eine Bibelexegese schrieb. Alle diese Bereiche gehörten zusammen, da ihrer aller Interesse der Aufklärung der Menschen und damit auch dem Fortschritt des menschlichen Lebens galt, dem sie sich nur auf unterschiedlichen Wegen annäherten.

Noch offensichtlicher tritt Emilie du Châtelets Überzeugung von der Untrennbarkeit von Physik und Metaphysik in ihrer Einführung in die Physik zutage, den »Institutions physiques«, die 1740 erschienen und ihrem Sohn gewidmet sind. Die Physik befasse sich mit allem, was den Menschen umgebe und wovon sein Wohlergehen abhänge, erklärt sie einleitend; das Studium der Natur sei der Schlüssel zu allen anderen Entdeckungen. Sie will auf leichtverständliche Weise alles das, was man unbedingt wissen müsse (nicht, was jemals gedacht worden sei), einem gebildeten Publikum darstellen: »Ich habe in diesem Werk nicht versucht, geistreich zu sein, sondern recht zu haben.«[26] Wissenschaft sei nicht länger etwas für einige wenige Eingeweihte, wie noch im letzten Jahrhundert. Sie wünsche, daß ihr Sohn in der Zeit, in der sein Geist noch jung und flexibel ist, möglichst viel lerne, denn sonst werde er später seine Kindheit bereuen. Das Studium bedeute Trost, Vergnügen, Bequemlichkeit. Unwissen habe bei Leuten seines Standes früher als Verdienst gegolten, das sei nun anders. Heute gelte es als Mangel, auch wenn es nach wie vor weit verbreitet sei.

Nachdem Madame du Châtelet im ersten Kapitel die Regel vom genügenden Grund aufgestellt hat, widmet sie sich im zweiten Kapitel der Existenz Gottes, die sie mit logischen Argumenten nachweist: »Das Studium der Natur erhebt uns zur Erkenntnis des höchsten Wesens; diese große Wahrheit ist, wenn das überhaupt möglich ist, der Physik noch nötiger als der Moral, & sie muß Anfang & Ende aller unserer Untersuchungen sein.«[27] Der Philosoph und Deist Voltaire war nicht entzückt über diese Argumentation, aber er akzeptierte sie zähneknischend und mit der Toleranz und dem Respekt, die er Emilie du Châtelet als eigenständiger Denkerin stets entgegenbrachte. Elisabeth Badinter deutet die grundsätzlichen Unterschiede in den philosophischen Überzeugungen von Madame du Châtelet und Voltaire zu Recht als Beweis dafür, daß die beiden einander ebenbürtig waren und Madame du Châtelet niemals, wie böse Zungen unterstellten, ihr Licht nur von Voltaire empfing, im Gegenteil: »Sie scheint viel eher seine Inspiration als seine Schülerin gewesen zu sein. Ihre Leibniz-Phase zeigt (wenn das überhaupt nötig ist), daß Madame du Châtelet sich von niemandem beeindrucken ließ. Nicht einmal von Voltaire.«[28] Sie hat ihn gebraucht, so wie sie Maupertuis und Clairaut brauchte, weil sie als Frau keine Universität besuchen, nicht ohne weiteres zu Bildungszwekken reisen konnte und ihr selbst als Aristokratin viele Türen verschlossen blieben, die Männern offenstanden; aber sie »nahm erst dann richtig Aufschwung, als sie auf den einen wie auf den anderen verzichtete«.[29]

In den »Institutions physiques« folgt Emilie du Châtelet in vielen Punkten der Philosophie des deutschen Philosophen Leibniz: »Diese Welt ist die beste aller möglichen Welten, diejenige, in der die größte Vielfalt mit der größten Ordnung herrscht & wo die größten Wirkungen von den einfachsten Gesetzen hervorgebracht werden.«[30] Leibniz bezeichnet sie als ihren Kompaß, der sie leite, wobei sie durchaus zugibt, daß sie seine Werke hauptsächlich vermittelt kennt: Leibniz, erklärt von Wolf, der ihr wiederum von dessen Schüler König, ihrem Privatlehrer während eines Sommers, erläutert worden sei ... Unserer heutigen wissenschaftlichen Genauigkeit entspricht ein derart vermitteltes Vorgehen nicht mehr unbedingt, aber damals, als Wissen noch sehr viel häufiger als heute persönlich weitergegeben wurde, war es nicht ungewöhnlich. Neben Leibniz nennt sie als die wichtigsten modernen Wissenschaftler, auf die sie ihre Ausführungen stützt, Descartes, Galileo Galilei, van Huyghens, Kepler und natürlich Newton. Sie fordert jedoch in typisch aufgeklärter Manier dazu auf, niemandem, auch den Autoritäten nicht, aufs Wort zu glauben, sondern alle Thesen selbst zu prüfen und zu einem eigenen Ergebnis zu kommen. Die Auswahl ihrer Gewährsleute zeigt, wer im 18. Jahrhundert als wissenschaftliche Autorität galt, und sie verdeutlicht ihren Anspruch, Physik, Metaphysik und Geometrie zu einem einzigen Wissensgebäude zu vereinen.

Als die »Institutions physiques« erschienen, verbreitete sich das Gerücht, Madame du Châtelet habe den Text nicht selbst geschrieben. Sie hatte sich mit ihrem letzten Lehrer König schrecklich überworfen, woraufhin dieser das Gerücht in Umlauf brachte, er habe ihr die »Institutions physiques« Wort für Wort in die Feder diktiert; es handele sich eigentlich um sein Werk und nicht das ihre. Voltaire verteidigte sie vehement gegen solche Vorwürfe, und auch Madame du Châtelet selbst wehrte sich mit allen Mitteln gegen die Unterstellungen. An Maupertuis schreibt sie am 22. Oktober 1740, König solle doch die Wahrheit sagen; sie schäme sich mitnichten, den geringen Anteil, den er an dem Werk habe, einzugestehen – sie schäme sich nur, daß sie einem so unehrenhaften Mann überhaupt etwas verdanke.

Sie hatte König in der Tat eine Menge vorzuwerfen; er benahm sich während der wenigen Monate, die er bei ihr verbrachte, sehr schlecht, er war faul, weigerte sich, seinen Pflichten nachzukommen, und verbreitete üble Nachrede über sie: »Er hat sich so bemüht, mir zu beweisen, daß er die Seele eines schlecht erzogenen Lakaien hat«, schreibt sie 1739 an den Schweizer Wissenschaftler Bernoulli, den sie gern als ihren Privatlehrer nach Cirey geholt hätte, »es ist betrüblich, daß ein Mann, der über soviel Geist und Wissen verfügt, so verachtenswert ist.«[31]

Was auch immer an dem Gerücht gewesen sein mag – es hinterließ ein gewisses Mißtrauen in der öffentlichen Meinung, das sicher um so stärker war, da es sich um eine Frau handelte, der man ohnehin nur bedingt eigene wissenschaftliche Fähigkeiten zutraute, oder man war schlicht schadenfroh, daß die ehrgeizige Dame, die sich männliche Vorrechte anmaßte, nun in ihre Schranken verwiesen wurde. Auch Friedrich II. von Preußen vertrat diese Auffassung. Ihr gegenüber äußerte er sich notdürftig höflich, anderen gegenüber mit giftiger Feindseligkeit bezüglich ihres wissenschaftlichen Anspruchs, den er überhaupt nicht beurteilen konnte: »Die Minerva hat ihre Physik gerade fertig (...); König hat ihr den Inhalt diktiert, sie hat ihn etwas geordnet und hier und da mit der einen oder anderen Äußerung geschmückt, die Voltaire beim Essen entschlüpft ist ...«[32]

In dieser Äußerung wird nicht nur die allgemeine Misogynie Friedrichs des Großen deutlich, sondern auch das besonders angespannte Verhältnis zu Madame du Châtelet, die ihm immer wieder seinen Voltaire raubte. Voltaire selbst war den Schmeicheleien und Versprechungen des Königs gegenüber mitnichten unempfänglich, zumal ihm der französische Hof lange mit Ablehnung oder einfacher Nicht-Beachtung begegnete. Friedrich versuchte ihn an sich zu ziehen und konnte ihn doch nie binden, denn Voltaire ging jedesmal nach Frankreich zurück – sei es, weil er tatsächlich Madame du Châtelet nicht verlassen wollte, sei es, daß er sie als Vorwand benutzte, um sich dem fordernden König zu entziehen. Voltaire äußert sich in Gedichten und Briefen an Friedrich um 1740 jedenfalls recht illoyal in bezug auf seine Geliebte, die ihm lästig sei, aber der gegenüber er Pflichten habe und um derentwillen er seinen geliebten König verlassen müsse.[33] Friedrich lud bezeichnenderweise Madame du Châtelet nie ein, Voltaire zu begleiten, er wollte ihn wohl für sich haben. Ein einziges Mal schreibt er mürrisch in einem Einladungsbrief an Voltaire: »Wenn es unbedingt sein muß, daß Emilie Apoll begleitet, dann bin ich einverstanden, aber wenn ich Sie allein sehen kann, dann ist mir das unendlich viel lieber.«[34] Madame fuhr natürlich nicht mit zu dem Treffen, und sie sah es ganz und gar nicht gern, wenn ihr Geliebter Anstalten traf, wieder einmal allein nach Berlin aufzubrechen. Immer fürchtete sie, er werde nicht zurückkommen, sie klagte bei ihren Briefpartnern darüber, daß Voltaire ihr kaum noch schreibe (was er in der Tat in den 1740er Jahren immer seltener tat, wenn er auf Reisen war), und griff schließlich – meist mit Erfolg – zum probaten Mittel vieler Frauen, einfach krank zu werden oder doch wenigstens mit Krankheit zu drohen. So setzt sie dem Comte d'Argental in einem Brief vom 22. Oktober 1743 ausführlich auseinander, wie sehr sie darunter leide, daß Voltaire nun schon fünf Monate in Deutschland unterwegs ist, obwohl er nur sechs Wochen bleiben wollte, daß er ihr seit Wochen nicht geschrieben habe und sie alle Nachrichten von ihm den Zeitungen oder den Berichten Fremder entnehmen müsse. Dann bittet sie den Comte, Voltaire in ihrem Interesse zu schreiben und ihn zur Rückkehr aufzufordern: »Ich bin zweifellos sehr zu beklagen, weil ich Ihre Hilfe benötige; aber ich schätze Sie so sehr, daß mir mein Glück noch teurer sein wird (falls das möglich ist), wenn ich es Ihnen verdanke.« Und im nächsten Absatz klagt sie beredt über ihren schlechten Gesundheitszustand, Fieber, Husten, Schmerzen – »eine andere als ich wäre daran gestorben, und vielleicht wäre das das beste. Ich gestehe Ihnen indessen, daß Ihre Freundschaft mich an das Leben bindet.«[35] Das sind nette Höflichkeitsformeln, von denen der Comte geschmeichelt sein soll, um dann schleunigst die Informationen über den elenden Zustand der Marquise an Voltaire weiterzugeben. Am 13. Oktober berichtet sie, ihr Geliebter sei gekommen und damit das Ende ihrer Leiden, ihre Gesundheit bessere sich täglich. Dennoch fordert sie den Comte auf, weiter in ihrem Sinne bei Voltaire zu argumentieren: »Ach, sagen Sie ihm doch, wenn Sie ihn sehen, wie unglücklich ich während seiner Abwesenheit bin, sagen Sie ihm, daß man sich niemals verlassen darf, wenn man sich liebt. Die Liebe erleidet immer einen Verlust bei einer Abwesenheit von 5 Monaten, das Herz verliert die Gewohnheit zu lieben, man wird hart bei diesen gemeinen Deutschen und am Hof eines Königs, der nicht zu lieben vermag.«[36] Emilie, so formuliert Elisabeth Badinter lakonisch, verlor in ihrem Liebeskummer alle Würde und jeden Stolz.[37]

Die Beziehung vermochte Madame du Châtelet nicht zu retten, sie war längst abgekühlt – wenn sie Voltaire letztlich auch nicht an Friedrich den Großen, sondern an seine eigene Nichte verlor, mit der er, nachdem er bereits andere Geliebte gehabt hatte, 1744/45 eine sehr ernsthafte und lang dauernde Liebesbeziehung einging. Seine eher schwachen sexuellen Triebe scheinen in den Armen der Madame Denis wiedererwacht zu sein, wie seine Briefe an sie bezeugen. Emilie du Châtelet litt lange unter dem Betrug und dem Ende der Liebe Voltaires. Aber man blieb befreundet. Sie selbst ging eine neue, anscheinend nicht gerade leidenschaftliche Affäre zu einem Monsieur Charlier ein, der sich um ihre finanziellen und rechtlichen Angelegenheiten kümmerte, und sie stürzte sich vehementer denn je ins Glücksspiel. Erst nach längerer Zeit begann sie endlich wieder, sich intensiv mit ihrer Wissenschaft zu beschäftigen, die sie in den Jahren der Sorgen um ihre Beziehung, der Verwaltung ihres Besitzes und der Bemühungen um die Zukunft ihres Sohnes (dem sie, wie damals üblich, durch Beziehungen und viel Geld eine adäquate Position in der Gesellschaft verschaffen mußte) vernachlässigt hatte. Sie schrieb ihre Abhandlung über das Glück und arbeitete an ihrer Übersetzung von Isaac Newtons »Philosophiae naturalis principia mathematica« (1687) ins Französische. Letztere kostete sie Jahre ihres Lebens, denn sie begnügte sich nicht mit einer einfachen Übersetzung, sondern versah diese auch mit einer profunden und umfangreichen Einführung, so daß ein veritables Studienbuch über die zeitgenössische Physik entstand. Vorbei waren allerdings die Zeiten, in denen sie, wie in den glücklichen Tagen mit Voltaire, ungestört arbeiten konnte. Wie viele Frauen stahl sie sich ihre Arbeitsstunden: »Ich verbringe mein Leben im Vorzimmer des Kriegsministers, um meinem Sohn ein Regiment zu verschaffen; gehe erst um 4 oder 5 Uhr morgens ins Bett und kann nur, wenn ich Zeit habe, an einer Übersetzung Newtons arbeiten. Wenn ich mehr Zeit hätte, würde ich auch Ihren schönen Kommentar dazu übersetzen«, schreibt sie am 12. November 1745 an den Reverend Père François Jacquier,[38] einen Mathematik- und Astronomieprofessor und Newton-Spezialisten. Im Jahr 1745 glaubte sie noch, es werde nur noch sechs Monate dauern, bis das Buch erscheinen könne. Tatsächlich konnte sie es erst unmittelbar vor ihrem Tod 1749 vollenden, und es erschien postum erst 1759, versehen mit dem eingangs erwähnten Vorwort Voltaires, das zugleich ein Nachruf auf die Verfasserin ist. Der Text wurde von Madame du Châtelet aus dem Lateinischen unter Zuhilfenahme der englischen Übersetzung ins Französische übertragen, und die französische Version ist, so merkt der Verleger in seinem Vorwort an, verständlicher als das Original: Die Übersetzerin habe sich an den Geist, nicht an die Buchstaben gehalten, das heißt, sie habe frei übersetzt. Der zweite Band besteht aus einem Kommentar Madame du

Châtelets. Dieser Kommentar ist wiederum zweigeteilt: Der erste Teil ist eine allgemeinverständliche Einführung in Newtons Werk über das Planetensystem und die zeitgenössische Mathematik und Physik, im zweiten, »gelehrteren«, also abstrakteren und spezialisierteren Teil werden mathematische Beweise geführt. Dieser größere Teil ist für das gelehrte Fachpublikum gedacht, während der erste sich an das damals überaus zahlreiche interessierte Laienpublikum wandte – eine interessante Kombination der Adressatengruppen, die heute in einem einzigen Buch schwer denkbar wäre.

Der kleine, gerade 39 Seiten lange und ebenfalls erst postum veröffentlichte »Discours sur le bonheur« entstand vermutlich zwischen 1746 und 1748, also parallel zur Arbeit an der Newton-Übersetzung und zu einer Zeit, in der Emilie du Châtelets Liebesbeziehung zu Voltaire schon beendet war. In dieser reizvollen und für die erste Hälfte des 18. Jahrhunderts recht typischen Mischung aus allgemeinen philosophischen Reflexionen und persönlichen Erfahrungen spielt das Ende dieser Beziehung eine wichtige Rolle; sie beschreibt es so: »10 Jahre lang war ich glücklich durch die Liebe dessen, der mein Herz unterworfen hat; & diese 10 Jahre habe ich gemeinsam mit ihm verbracht, ohne einen Augenblick des Abscheus oder der Langeweile. Als das Alter, die Krankheiten, vielleicht auch ein wenig die Leichtigkeit des Genusses seinen Geschmack (an mir) verminderten, habe ich es lange nicht bemerkt; ich liebte für zwei, ich verbrachte mein ganzes Leben mit ihm, & mein Herz, unfähig zum Mißtrauen, genoß das Vergnügen zu lieben & die Illusion, sich geliebt zu fühlen. Es stimmt, daß ich diesen glücklichen Zustand verloren habe, & das hat mich viele Tränen gekostet. Es braucht schreckliche Erschütterungen, um solche Ketten zu zerbrechen: die Wunde meines Herzens hat lange geblutet; ich hatte Ursache, mich zu beklagen, & ich habe alles verziehen.« Die Liebe sei zu zärtlicher Freundschaft geworden. Einen kleinen Seitenhieb jedoch verkneift sie sich nicht: Sie habe eingesehen, daß sein Herz zwar zu wahrer Liebe unfähig, aber dafür zur Freundschaft fähig sei und daß er sein Leben für sie opfern würde. So habe diese Freundschaft und die Liebe zum Studium sie schließlich einigermaßen glücklich gemacht. Nichts sei verächtlicher, als jemandem nachzulaufen, dessen Gefühle erkaltet seien; im Grunde müsse man immer ein wenig kälter sein als der Geliebte.

Es handelt sich in diesem »privaten« Teil um eine geglättete, »weise« Version ihrer Erinnerung auf jene Jahre, die ihr großen Schmerz bereitet haben und die sie zweifellos nicht so abgeklärt durchlebt hat, wie sie es nun darzustellen versucht, was aber insofern legitim ist, als sich die persönliche Erinnerung ständig wandelt. Wir interpretieren sie immer wieder neu, und warum sollte man nicht eine Art intellektuelles Fazit aus dem ziehen, was man durchlebt hat?

Ein zentrales Thema der kleinen Abhandlung ist die Illusion. Sie wird von der Aufklärerin nicht etwa abgelehnt, wie man vermuten könnte, sondern im Gegenteil gutgeheißen, denn sie zeige uns die Welt so, wie sie unserer Natur entspreche, sie täusche uns also nicht: »Um glücklich zu sein, muß man sich von allen Vorurteilen frei gemacht haben, muß man tugendhaft sein, sich gut betragen, man muß Geschmack und Leidenschaften haben und für die Illusion empfänglich sein, denn wir verdanken die meisten unserer Vergnügungen der Illusion, & unglücklich ist, wer sie verliert.«[39] Madame du Châtelet offenbart sich hier als wahre Epikuräerin, der Harmonie und Vergnügen über alles gehen. Ein gewisser Widerspruch liegt allein darin, daß sie die Leidenschaften bejaht, was zum ausgeglichenen Epikuräertum nicht so recht passen will – was sie aber geschickt in ihre Argumentation einpaßt: Die Natur, so schreibt sie, wolle uns grundsätzlich glücklich machen, sie gibt uns nur die Wünsche ein, die uns entsprechen. Unsere dringlichste Aufgabe in der Welt sei es, uns angenehme Empfindungen und Gefühle zu verschaffen. Deswegen seien auch die Leidenschaften erstrebenswert, selbst wenn sie uns manchmal unglücklich machen, denn sie seien die wichtigste Quelle der angenehmen Empfindungen, ohne die das Leben nicht lohne. Gleichzeitig behauptet sie, man müsse sich mit dem eigenen Zustand begnügen und sich mäßigen, um glücklich zu sein; einschränkend setzt sie hinzu, daß sie natürlich nur für wohlhabende Personen von Welt schreibe, die ihre Lage nicht verändern wollen. Das Volk, die einfacheren Leute interessieren Madame du Châtelet nicht; sie gehören in ihrer Perspektive einer anderen Spezies an, mit der sie nichts zu tun hat und der sie folglich auch nichts zu sagen hat. Auch Gott oder das Christentum spielen – anders als in ihrer Abhandlung über die Physik – in dieser knappen Anleitung zum Glücklichsein für Weltleute keine Rolle mehr, weder im positiven noch im negativen Sinne (als etwas, was bekämpft werden muß).

Zu den Leidenschaften zählt Emilie du Châtelet überraschenderweise auch das Studium, das, so wird sie nicht müde zu betonen, vor allem zum Glück der Frauen am meisten beitrage. Während Männer viele Möglichkeiten hätten, Glück und Ruhm zu finden, sei das Studium für Frauen die einzige Chance: »Wenn sich zufällig eine Frau von hohen Geistesgaben findet, dann bleibt ihr nichts als das Studium, um sie über alles hinwegzutrösten, wovon sie aufgrund ihres Standes ausgeschlossen bleibt und wovon sie abhängig ist.«[40] Gelehrsamkeit als das einzige wirksame Mittel gegen das Unglück und als Quelle unerschöpflicher Freuden …

Kühn und etwas vorschnell behauptet Emilie du Châtelet in ihrem »Discours«, wenn man die Dreißig erst einmal überschritten habe, seien die Leidenschaften nicht mehr so heftig. Von dieser Erkaltung der Sinne und Gefühle merkt man in ihrem Leben jedoch nicht viel: 1748, mit Anfang Vierzig, verliebt sie sich noch einmal genauso leidenschaftlich, besitzergreifend und eifersüchtig wie als junge Frau, und diese letzte Beziehung wird sie indirekt das Leben kosten. Auch ihre Forderung, bei der Wahl eines Geliebten müsse die Vernunft im Spiele sein, denn man solle nur für das eigene Glück lieben, scheint sie vergessen zu haben, als sie sich in Jean-François de Saint-Lambert verliebt, der ein nichtsnutziger, unzuverlässiger Filou oder doch ein schwacher Mann gewesen sein muß und der sich ihrem Drängen zunehmend entzog. Es wiederholen sich die Muster, die sie schon zur Genüge kennt und aus denen sie nicht viel gelernt zu haben scheint, zu heftig sind ihre Gefühle, zu ungestüm ihre Leidenschaften und Ängste. Schon im ersten erhaltenen Brief an ihn schreibt sie: »Wenn ich meinem Herzen erlauben würde, zu Ihnen zu sprechen, würde es so bald nicht wieder aufhören, und vielleicht würden Sie nichts von dem verdienen, was es Ihnen zu sagen hätte. (…) Ich tue, was ich kann, um Sie nicht mehr zu lieben, als ich sollte, aber ich fürchte wirklich, daß ich mich umsonst mühe und Sie mehr liebe, als Sie verdienen …«[41] Am 9. Mai schreibt sie: »All mein Mißtrauen gegen Ihren Charakter, alle meine Entschlüsse gegen die Liebe haben mich nicht vor derjenigen bewahren können, die Sie mir eingeflößt haben. Ich suche sie nicht mehr zu bekämpfen, ich spüre, daß das nutzlos wäre; die Zeit, die ich mit Ihnen in Nancy verbracht habe, hat sie so vergrößert, daß ich über mich selbst staune; aber weit entfernt, mir selbst Vorwürfe zu machen, empfinde ich ein außerordentliches Vergnügen, Sie zu lieben, und das ist das einzige, was Ihre Abwesenheit versüßen kann.« Doch sie sorgt sich trotzdem, weil sie nicht weiß, wie er fühlt: Liebt er sie so wie sie ihn? Oder ist es für ihn eine bloße Affäre? Er kennt, so räsoniert sie, die Liebe noch gar nicht, sondern nur lebhafte Neigungen, aber: »Wenn Sie mich nur schwach lieben können, wenn Ihr Herz nicht imstande ist, sich rückhaltlos hinzugeben, sich ausschließlich mit mir zu beschäftigen, mich grenzenlos und maßlos zu lieben, was werden Sie dann mit meinem Herzen machen?« [42]

Ungeachtet dieser Bedenken führt sie die Beziehung fort und läßt sie immer mehr Raum einnehmen; sie liebt auf den ersten Blick, und das tut sie maßlos und ohne jede Rücksicht, weder auf sich noch auf den anderen. Sie macht ihm Vorwürfe, ihr nicht häufig und nicht lang genug zu schreiben, sie nicht genug zu lieben; sie fordert seine Liebe ein, versichert ihn unablässig ihrer eigenen maßlosen Liebe; sie bedrängt ihn, nötigt ihn, erpreßt ihn – und erreicht doch nichts außer kurzen Glücksmomenten und langem Leiden, in das sie sich so ausschließlich und obsessiv stürzt wie in die Liebe selbst. Und das dauert viele Monate: »Haben Sie unverzeihliche Kapricen? Sie wollten, daß ich Sie bis zum Wahnsinn liebe (...), aber je mehr ich Sie liebe, desto weniger lieben Sie mich«, schreibt sie ihm nach fast einjähriger Beziehung am 22. Februar 1749.

Kurz danach verdichtet sich eine Ahnung zur Gewißheit: Sie ist schwanger, und das mit 42 Jahren. Das war damals alt, sie war ja auch tatsächlich gerade zum ersten Mal Großmutter geworden. Einer Freundin bekennt sie ihr »unglückseliges Geheimnis«: »Sie können sich leicht meine Sorgen vorstellen, wie sehr ich für meine Gesundheit, ja für mein Leben fürchte, wie lächerlich ich es finde, im Alter von 40 zu gebären, nachdem ich vorher 17 Jahre lang kein Kind gemacht habe; welche Sorgen ich mir wegen meines Sohnes mache« – denn das könnte seine Etablierung in einer guten gesellschaftlichen Position verhindern.[43] Vorausschauende Worte, die damals, zu einer Zeit, als Schwangerschaft und Geburt zu den häufigen Todesursachen von Frauen und Kindern gehörten, aber naheliegen mußten.

Es beginnt ein Wettlauf mit der Zeit, denn Madame du Châtelet will um jeden Preis ihre Newton-Übersetzung samt Kommentar fertigstellen. Sie arbeitet wie eine Besessene, schont sich nicht und verlangt sogar noch auf dem Sterbebett ihr Manuskript, in das sie mit zitternder Hand das Datum einträgt, wie um die Vollendung des Werks zu dokumentieren: 10. September 1749. Wenige Stunden später ist sie tot. Die Geburt eines Kindes (einer Tochter, die unmittelbar nach der Geburt starb) hat auch Madame du Châtelet das Leben gekostet; sie starb, wie so viele Frauen ihrer Zeit, am Kindbettfieber.

Voltaire schildert ihre letzten Monate aus seiner Perspektive in seinem Nachruf, dem »Historischen Vorwort« zu ihrem Newton-Buch: »Lange vor dem Schlag, der sie uns nahm, glaubte sie selbst, sterben zu müssen: von da an war sie nur noch darauf bedacht, die kurze Zeit, die sie noch hatte, zur Vollendung dessen zu verwenden, was sie begonnen hatte, & dem Tode zu entreißen, was sie als den schönsten Teil ihrer selbst ansah. Das Feuer & die Hartnäckigkeit, mit der sie arbeitete, die Nächte, die sie durcharbeitete, & das in einer Zeit, in der Ruhe sie gerettet hätte, brachten ihr schließlich den Tod, den sie vorhergesehen hatte. Sie spürte das nahende Ende, & in einer eigentümlichen Mischung von Empfindungen, die sich auszuschließen scheinen, bedauerte sie den Verlust des Lebens & betrachtete sie den Tod unerschrocken: der Schmerz einer ewigen Trennung bekümmerte ihre Seele, & die Philosophie, von der diese Seele erfüllt war, verlieh ihr Mut.«[44]

Caroline Herschel
Mai 1750

BEOBACHTERIN DER STERNE:

Caroline Lucretia Herschel
(1750–1848)

»Sie hätte selbst eine berühmte Frau werden können (...), aber sie gestattete sich kaum den Genuß des eigenen Suchens und Findens.« So schreibt die Biographin der Astronomin Caroline Herschel 1877.[1] Und in der Tat: Wenn Caroline Herschel überhaupt in die Wissenschaftsgeschichte eingegangen ist, dann als willenlose Dienerin und Gehilfin ihres Bruders, des berühmten Astronomen Wilhelm Herschel. Erst in den letzten Jahren wandelt sich das Bild wenigstens ein wenig – nicht zuletzt unter dem Einfluß der feministischen Wissenschaftsgeschichte –, und die Verdienste der Schwester, die ihren Bruder vierzig Jahre überlebte, werden erkannt und gewürdigt.[2] Allerdings ist das Bild von der Gehilfin mitnichten verkehrt oder überholt. Caroline Herschel war wohl tatsächlich keine originelle Wissenschaftlerin, die eigene Ideen, Methoden oder auch nur Strukturen entwickelt hätte. Sie war eminent fleißig, scheute auch die langweiligsten Arbeiten nicht und hatte durch ihre Transkriptionen seiner Notizen, durch ihre Mitarbeit am Bau der Teleskope und an seinen Himmelsbeobachtungen erheblichen Anteil am Erfolg ihres Bruders. Sie führte durchaus auch eigene Observationen durch und entdeckte insgesamt acht Kometen. Aber die Voraussetzung solcher Entdeckungen waren eher Fleiß und Ausdauer als originelle Ideen und methodische Stringenz. Marilyn Bailey Ogilvie schreibt denn auch, daß es mehr

Caroline Herschels Augen als ihr Intellekt gewesen seien, die ihr ihre Entdeckungen ermöglichten. Immerhin wurde sie für ihre Verdienste lange nach dem Tod ihres Bruders mit den Goldmedaillen der Königlichen Astronomischen Gesellschaft und der Königlich Preußischen Akademie ausgezeichnet, man verlieh ihr außerdem die Ehrenmitgliedschaft der Königlichen Astronomischen Gesellschaft und der Königlich Irischen Akademie. Das bedeutet ja nichts anderes, als daß die Zeitgenossen ihre Leistungen anerkannten und würdigten.

Caroline Herschel schreibt über sich selbst: »Ich that nichts für meinen Bruder, (…) als was ein gut abgerichtetes Hündchen gethan hätte, d. h. ich that, was er mir befahl. Ich war ein bloßes Werkzeug, das zu schleifen er sich die Mühe gab.«[3] Derartige Sätze können in uns heutigen Leserinnen der postfeministischen Ära nur Grauen erregen. Als Caroline Herschel sie niederschrieb, waren sie Ausdruck eines Weiblichkeitsideals, das sich gerade in vollem Aufschwang befand. Nur mit dieser Haltung konnte sie sicher sein, die Anerkennung der Zeitgenossen zu gewinnen – denn in der zweiten Hälfte des 18. Jahrhunderts galten die gelehrten Frauen nicht mehr viel, anders als noch in der ersten Hälfte des Jahrhunderts, für das in diesem Buch stellvertretend Madame du Châtelet steht. Zu Caroline Herschels Zeiten setzte sich nun, wie schon angekündigt, zunehmend ein Ideal von Weiblichkeit durch, das von Passivität, Unselbständigkeit und Häuslichkeit gekennzeichnet war. Zuviel Bildung galt als schädlich für eine Frau, und Gelehrsamkeit wurde zum Alptraum der Damen, die doch kurz zuvor noch begeistert der Mode der Naturwissenschaften gefrönt hatten. Im äußersten Falle durfte eine Frau Gehilfin eines Mannes – ihres Mannes, Vaters oder eben Bruders – sein, und nie sollte sie eigene Lorbeeren verdienen wollen. Wenn sie trotzdem gute Arbeit leistete und Erfolg hatte, dann mußte sie bescheiden sein, und sie mußte um jeden Preis als Ausnahme behandelt werden.

Caroline Herschel brachte derartige Selbstbeschreibungen (das Wort vom abgerichteten Hündchen findet sich mehr als einmal in ihren Briefen) selbstverständlich nicht deswegen zu Papier, weil sie dem Zeitgeist bewußt Tribut zollte, sondern weil diese ihrem persönlichen Eindruck entsprachen. Betrachtet man ihre Lebensgeschichte, dann wird überdeutlich, wie sehr die Lebensumstände ihr Selbstbild in genau diesem Sinne einer stets nur sekundären Weiblichkeit geprägt haben und daß Caroline Herschel sich nie wirklich davon hat lösen können oder wollen. Das unterscheidet sie deutlich von einer selbstbewußten Frau wie Dorothea Erxleben. Als heutige Leserin fragt man sich immer wieder irritiert, ob Herschels Bescheidenheitstopoi wirklich völlig ernst gemeint sein können oder ob sie nicht vielleicht doch auch einen ironisierenden Unterton haben. Doch immer wieder kommt man zu dem bedauerlichen Ergebnis, daß dieser Frau Ironie völlig fremd war. Sie mag vielleicht zuweilen ein ganz klein wenig kokettieren mit dem, was sie über sich selbst sagt, im großen und ganzen jedoch ist es ihr völlig ernst damit: Sie sei nichts als das willige Werkzeug ihres Bruders, ohne eigene Fähigkeit, Meinung oder Initiative. Daß sie ein paar Kometen entdeckt habe, sei, so stellt sie es dar, das Verdienst ihres Bruders, der die Teleskope erfunden hat, mit denen solche Entdeckungen überhaupt möglich sind, und darüber hinaus reiner Zufall, denn ihre Unbildung verbiete ihr im Grunde, eigenständige Beobachtungen anzustellen. Ihre eigentliche Aufgabe bestehe ohnehin darin, die Entdeckungen ihres

Bruders zu notieren, abzuschreiben, zu klassifizieren, ihm ansonsten den Haushalt zu führen, ihn zu pflegen, wenn er krank ist, das Feld zu räumen, wenn seine Frau auf der Bildfläche erscheint, und wiederzukommen, wenn er sie braucht.

Caroline Lucretia Herschel wurde am 16. März 1750 als achtes Kind ihrer Eltern in Hannover geboren. Ihr Vater Isaak spielte in der Armee die Oboe, und auch zwei ihrer Brüder wurden Musiker, darunter Wilhelm, der spätere Astronom. Dem achten Kind wurde wenig Zeit und Aufmerksamkeit zuteil, und ihre Ausbildung fand eher sporadisch statt. Sie besuchte eine Schule, in der sie Lesen und Schreiben lernte; da ihre Mutter Analphabetin war, mußte sie während des Krieges, als die Männer als Regimentsmusiker in England waren, für diese und für Nachbarinnen die gesamte Korrespondenz führen. Nach Kriegsende übernahm der Vater den Unterricht seiner Söhne, insbesondere den Musikunterricht, Caroline saß dabei und erhielt auch selbst hier und da ein wenig Violinunterricht. Ihre Mutter war indessen strikt dagegen, daß das Mädchen etwas lernt: Sie solle sich gefälligst auf das beschränken, was sie unbedingt braucht, um ihr im Haushalt zur Hand zu gehen. Die Verbitterung darüber ist verständlicherweise noch Jahrzehnte später aus Caroline Herschels Zeilen zu lesen: »Meine Mutter hatte fest beschlossen, daß ich ein roher Klotz sein und bleiben sollte, allerdings aber ein nützlicher. Dazu war, wie sie meinte, nichts weiter nöthig, als mich zwei oder drei Monate zu einer Weißnäherin zu schicken, bei welcher ich die Anfertigung von Leib- und Hauswäsche erlernen sollte. Hatte ich dieses Talent meinen übrigen Geschicklichkeiten hinzugefügt, so fand ich kaum noch Muße, an etwas anderes zu denken, als für die Familie alles, was sie nur immer brauchte, in jeder erdenkbaren Form zu ersinnen und anzufertigen.«[4] In einem Brief an ihre Nichte aus dem Jahre 1838 schildert sie diese Zeit: »Aber es war mein Schicksal, das Aschenbrödel der Familie zu sein, denn ich war das einzige Mädchen, und fand niemals Zeit, es in irgend etwas zur Vollkommenheit zu bringen. Auch war mir später Alles, was ich gelernt hatte, nicht von Nutzen, mit Ausnahme des Wenigen, was ich von der Musik verstand. Ich war im Stande, die zweite Violine in einer Ouverture oder in einem leichten Quartett zu spielen. Es hatte meinem Vater Vergnügen gemacht, mich das zu lehren, NB. wenn meine Mutter nicht zu Hause war.«[5]

1767 starb Isaak Herschel, da war Caroline sieben Jahre alt. Wilhelm, Carolines ältester und liebster Bruder, war inzwischen – vermutlich um der Aushebung zu entgehen – nach England emigriert und hatte Arbeit als Musiklehrer und Direktor der öffentlichen Konzerte in Bath gefunden. Nebenbei begann er sich der Astronomie zu widmen und Teleskope zu bauen. Caroline vermißte ihn sehr, war er doch der einzige Bruder, der sie einigermaßen ernst nahm und sie nicht ausschließlich als Dienstmagd der Familie behandelte. Und schließlich entstand nach vielen Jahren der Plan, sie nach England zu holen und sie zur Sängerin auszubilden. Caroline blieb lange im ungewissen, ob sich dieser Plan würde umsetzen lassen; ihre Mutter war nicht glücklich über die Idee und stimmte erst zu, als Wilhelm ihr eine kleine Summe Geldes zur Verfügung stellte, damit sie sich als Ersatz für die Tochter eine Dienstbotin einstellen konnte.

Schließlich war es soweit: 1772 holte Wilhelm die mittlerweile 22jährige Caroline in Hannover ab und brachte sie nach England. Fortan war sie seine Haushälterin, darüber hinaus seine Gehilfin beim Bauen des Teleskops, und schließlich brachte er ihr – wenn auch mitnichten so gründlich wie erhofft – ein wenig Singen und Mathematik bei. Außerdem mußte sie natürlich erst einmal Englisch lernen. Von einer fundierten Ausbildung kann also keine Rede sein; Caroline erhielt auch weiterhin nur die Brosamen vom Tisch der Gebildeten, aber das war immerhin mehr als das, was sie zu Hause bekommen hatte. Sie fühlte sich auf andere Weise gebraucht als in Hannover, und sie lernte doch vieles von Bedeutung, wenn auch nicht systematisch, sondern durch das Tun. Das Ergebnis war nicht das schlechteste, sie war als Sängerin sogar recht erfolgreich, später auch als Astronomin. Und tatsächlich war die Ausbildung im 18. Jahrhundert ja keineswegs derart reglementiert und systematisiert wie heute, wie schon mehrfach deutlich wurde. Vieles blieb dem Zufall und der individuellen Interaktion überlassen, selbst für männliche Studierende. Carolines Ausbildungsweg ist somit sowohl für ihr Jahrhundert als auch für ihr Geschlecht eher als typisch denn als untypisch anzusehen.

Das außerordentlich mühsame und zeitraubende Anfertigen der Gerätschaften gehörte damals noch zur Arbeit eines Astronomen, denn es gab keine Hersteller für solche speziellen Instrumente. Die oft hausgroßen und begehbaren Teleskope, die man zur professionellen Beobachtung benötigte, erforderten handwerkliches Geschick, Geduld und viel Platz. Die Handwerker vor Ort arbeiteten John Herschel in der Regel nicht präzise genug, insbesondere was die Feinarbeiten anging, und waren nicht gut genug ausgebildet, als daß er ihnen Teile der Arbeit in Auftrag hätte geben wollen. So blieb die Arbeit ihm selbst, seinem Bruder Alexander (der mit beiden lebte) und Caroline überlassen. Nur die groben Holzarbeiten für das große Gerüst wurden von Schreinern ausgeführt.

John Herschel arbeitete oft auch auf unfertigen Teleskopen, die ständig in der Gefahr standen, zusammenzustürzen. Caroline selbst verletzte sich eines Nachts im Dunkeln schwer an einem eisernen Haken, der ungesichert in Beinhöhe an der Seite des Teleskops hing (sie schreibt nicht, welchem Zweck er diente), und riß sich »zwei Loth Fleisch« aus dem Bein. Die Wunde heilte nur schlecht, und der herbeigerufene Arzt erklärt ihr nach sechs Wochen, ein Soldat, »der eine solche Wunde davongetragen, [wäre] jedenfalls auf sechs Wochen ins Hospital geschickt worden«.[6] Mit ihrer üblichen, oft schwer nachvollziehbaren Selbstverleugnung fährt sie fort: »Ich hatte indessen die Beruhigung, daß mein Bruder durch diesen Zufall keine Störung in seinen Arbeiten erlitt.«[7]

Das Polieren der Spiegel war besonders eintönig und anstrengend; Caroline Herschel beschreibt, wie ihr Bruder Wilhelm einmal, »in der Vollendung eines siebenfüßigen Spiegels begriffen, denselben sechszehn Stunden lang nicht aus der Hand legte«.[8] Damit er zu essen bekam, fütterte sie ihn. Zunehmend legte sie auch selbst mit Hand an, und »mit der Zeit wurde ich ein so nützliches Mitglied der Werkstätte, wie es etwa ein Bursche im ersten Jahre seiner Lehrzeit für den Meister ist«.[9] Daneben trat sie als Sängerin auf.

Nach und nach gewann Wilhelm als Astronom genügend Renommé, und als er einen Kometen – tatsächlich war es ein Planet, den er »Georgium sidus« nannte – entdeckte und infolgedessen 1781 Mitglied der Königlichen Astronomischen Gesellschaft wurde, konnte er seinen Beruf als Musiker an den Nagel hängen und sich ganz der Astronomie widmen. Das war seiner Schwester gar nicht recht, sah sie doch in der Musik ihre einzige Chance, für ihren Lebensunterhalt selbst sorgen zu können. Schließlich erlangte der Bruder die Protektion des englischen Königs, der ihn zum königlichen Astronomen ernannte und ihm eine kleine Pension zusicherte. Zunächst jedoch fertigte er so viele Teleskope für andere an, daß seine eigenen Beobachtungen darunter litten; erst als er einen Mäzen fand, der ihn mit den notwendigen Mitteln (Caroline spricht von 2000 Pfund) ausstattete, konnte er an die Herstellung eines vierzigfüßigen Teleskops für sich selbst gehen.

Wilhelm und Caroline waren mittlerweile nach Datchet gezogen, wo mehr Platz für ein so großes Teleskop war, und er begann sie ernsthaft zu seiner Assistentin auszubilden. Außerdem gab er ihr ein kleines Teleskop, mit dem sie eigenständig den Himmel beobachten konnte. Seit 1782 führte sie Buch über alles, was sie sah. Das war zunächst nicht viel, da ihr kleines Teleskop zu leistungsschwach war, um wirklich wichtige Beobachtungen zu machen, und ihr außerdem die nötigen Grundkenntnisse fehlten, um die Dinge, die sie sah, einordnen zu können. Aber sie lernte, wenn sie sich auch in den einsamen Nächten fürchtete und nur langsam den Mut gewann, »die sternenhellen Nächte auf einem thaugetränkten oder mit Reif bedeckten Rasenplatze, ohne ein menschliches Wesen zuzubringen, das nahe genug gewesen wäre, um meinen Ruf zu hören. Auch wußte ich zu wenig Bescheid am Himmelsgewölbe, um jedes Object ohne das zeitraubende Nachsehen im Atlas bezeichnen und finden zu können. Alle diese Störungen waren nicht vorhanden, wenn mein Bruder in nicht allzugroßer Entfernung mit seinen verschiedenen Instrumenten Doppelsterne, Planeten u. s. w. beobachtete und ich ihn zu Hülfe rufen konnte, wenn ich

Nebelflecke oder Sternhaufen auffand, über die ich einen Catalog anfertigen wollte.«[10]

Ihre Hauptarbeit blieb die Assistenz. Sie wachte mit ihrem Bruder ganze Nächte durch, jederzeit bereit, ihre eigenen Beobachtungen im Stich zu lassen, um die seinen zu protokollieren. Später transkribierte sie sie in eine Reinfassung. Sie wollte einen Katalog des Himmels anfertigen, kam aber nicht sehr weit: »Aber ich hatte bis zu Ende des Jahres 1783 noch nicht mehr als vierzehn derselben [Nebelflecke oder Sternhaufen] verzeichnet, als meine Suche ein Ende nahm, weil ich gebraucht wurde, um die Beobachtungen niederzuschreiben, welche mein Bruder mit dem großen Zwanzigfüßigen machte. Indessen ich hatte den Trost zu sehen, daß er mit meinen Bemühungen ihm behülflich zu sein, zufrieden war, mochte es sich nun darum handeln, nach den Uhren zu sehen, ein Memorandum niederzuschreiben, Instrumente herbeizuholen oder fortzubringen, oder mit der Ruthe Messungen auszuführen u. s. w. u. s. w., Dinge, wie sie jeden Moment vorkamen.«[11]

1786 zogen die Herschels nach Slough, wo sie ein ausreichend großes Grundstück hatten, um das vierzigfüßige Teleskop samt der dazugehörenden Werkstatt aufzurichten; Caroline beschreibt anschaulich das Chaos in der Zeit des Baus, der zwei Jahre in Anspruch nahm (bis ca. 1788). Bis zu dreißig Arbeiter – vor allem Schmiede und Zimmerleute – hielten sich täglich auf dem Grundstück auf; Erde wurde planiert, Scheunen zu Werkstätten umgerüstet.

1786 hatte Wilhelm im Auftrag des englischen Königs ein zehnfüßiges von ihm gebautes Teleskop als Geschenk an das Observatorium in Göttingen zu überbringen. In der Zeit bot sich Caroline Herschel die Gelegenheit, die großen und leistungsfähigen Instrumente ihres Bruders zu benutzen. Daneben verrichtete sie die üblichen Haus- und Handwerksarbeiten. Aber die Gelegenheit, die starken Instrumente zu nutzen, trug Früchte: Am 1. August entdeckte sie mit Hilfe des Newtonschen Kometensuchers »von 27 Zoll Fokaldistanz und etwa zwanzigfacher Vergrößerung« (in einem anderen Brief schreibt sie von dreißigfacher Vergrößerung) einen Kometen – ihre erste eigenständige Entdeckung, von der sie sogleich zwei Kollegen ihres Bruders in Kenntnis setzte.

Als Assistentin ihres Bruders wurde Caroline Herschel ein jährliches Gehalt von 50 Pfund ausgesetzt – »das erste Geld, das ich in meinem Leben für mich besaß und nach meinem Belieben verwenden konnte«.[12] Ihr Bruder erhielt weitere 2000 Pfund zur Fertigstellung des vierzigfüßigen Teleskops, ferner jährlich 200 Pfund »zur Erhaltung und Ausbesserung der Seile, des Anstrichs u. s. w., und zur Besoldung und Kleidung des Mannes, welcher Nachts den Dienst hatte«.

Am 8. Mai 1788 heiratete Wilhelm Herschel, was Caroline lakonisch am Ende ihrer Aufzeichnungen erwähnt: »Da der 8. Mai zur Hochzeit meines Bruders bestimmt war, so hatte ich, wie man sich leicht denken kann, neben den Beobachtungen des Himmels alle Hände voll zu thun, Alles so gut als möglich vorzubereiten, um meinen Posten als Haushälterin aufzugeben, was denn auch am 8. Mai 1788 geschah.«[13] Mit dieser Heirat änderte sich Caroline Herschels Leben grundlegend. Sie mußte ihren Platz als Gefährtin ihres Bruders räumen, blieb zwar seine Sekretärin und Assistentin, lebte aber fortan allein und hatte nun erheblich weitere Wege zurückzulegen als bisher. Außerdem war sie völlig von der An- und Abwesenheit der Schwägerin abhängig: Sobald diese auswärts zu tun hatte, wohnte sie beim Bruder, sie verließ das Haus, sobald jene zurückkehrte. Sie hütete das Haus, wenn die ganze Familie abwesend war; wurde ihr Bruder krank, sprang sie bei der Krankenpflege ein – sie war ständig verfügbar, mußte aber, so stellt es sich dem heutigen Leser dar, auch immer wieder den Platz räumen, um den Vorrang der Schwägerin, die natürlich den Platz der Hausfrau einnahm, zu manifestieren. Kein Wort verlor sie über die Auswirkungen, die das auf ihren Seelenzustand hatte. Man kann sich jedoch leicht vorstellen, daß dieses Arrangement, das ihr als Zurückweisung, in jedem Fall als großer Verlust erschienen sein muß, sie zutiefst verletzt haben wird, auch wenn sie sich das nicht eingestanden haben mag.

Tatsächlich existieren für die Jahre 1788 bis 1798 keine zusammenhängenden Aufzeichnungen Caroline Herschels; möglicherweise hat sie sie später selbst vernichtet, da sie vielleicht zu privat und zu erbittert den Gefühlen gegenüber der Zurücksetzung durch ihren Bruder Ausdruck verliehen haben. Sehr viel später erst lesen wir hier und da eine gereizte Bemerkung. So heißt es 1798: »Ungewöhnlich ermüdet und ärgerlich sowohl in Folge des Zeitverlusts, welcher durch die Hin- und Herwege verursacht wird, wie dadurch, daß ich nicht jedes Buch und Papier, wenn ich es brauche, sofort zur Hand habe.«[14] Ihr Verhältnis zu ihrer Schwägerin sei aber, so bemerkt Marilyn Bailey Ogilvie, in späteren Jahren sehr herzlich gewesen.[15]

Caroline Herschel arbeitet weiter. Sie entdeckt mehrere neue Nebel, die ihr Bruder in seinen Katalog aufnimmt, und außerdem alles in allem acht Kometen (allerdings ist wohl nur bei fünf davon sicher, daß sie sie zuerst gesichtet hat). An den königlichen Astronomen schreibt sie über die Entdeckung des zweiten Kometen: »Geehrter Herr! Vergangene Nacht, 21. Decbr. 7h45' entdeckte ich, etwas mehr als einen Grad südlich vor ß Lyrae, einen Kometen. Diesen Morgen zwischen fünf und sechs sah ich ihn noch einmal (...). Ich bitte Sie um die Gefälligkeit, denselben unter ihren Schutz zu nehmen.«[16]

Für ihre Entdeckung läßt ihr Sir Englefield Glückwünsche ausrichten, und er fügt hinzu: »Sie wird bald ein berühmter Kometenfinder sein und den Preis über Messier und Mechain davon tragen.« Tatsächlich, stellt Marilyn Bailey Ogilvie fest, begnügte sich Caroline Herschel in der Regel mit der Entdeckung und Beschreibung; sie reflektierte nicht über die Natur dessen, was sie da aufspürte. Und zuweilen war es auch ihr Bruder, der die notwendigen Berechnungen anstellte.

1797 entdeckte Caroline Herschel ihren achten Kometen – es war ihr letzter. Ihr Selbstbewußtsein war gewachsen, aber sie übte sich weiterhin in Bescheidenheit. Das sollte bis zu ihrem Tod nicht anders werden. Um so erfreulicher lesen sich heute die leichten Ansätze zu kritischen Bemerkungen wie der folgenden aus einem Brief an den königlichen Astronomen aus dem Jahre 1797. Sie bedankt sich dafür, daß er den Druck ihrer überarbeiteten Flamstedt-Ausgabe befördere, und schreibt: »Daß Sie es des Druckes werth halten, schmeichelt meiner Eitelkeit nicht wenig. Sie sehen, ich gestehe zu, daß ich eitel bin, denn ich wünsche durchaus keine Ausnahme von der Regel zu sein, und was wäre eine Frau ohne Eitelkeit? Ja, was wäre ein Mann ohne diese? Der Unterschied ist nur der, daß man sie bei den Männern gewöhnlich Ergeiz nennt.«

Wenn auch die Bitterkeit oft unübersehbar ist: Aufopferung bleibt ihr Lebensthema. Sie ist Mädchen für alles sowohl im Haushalt als auch bei der Arbeit ihres Bruders; sie weiß, daß sie diejenige ist, von der man »alles häusliche Behagen erwartete«, und sie wehrt sich nicht dagegen. (Man kann sich fragen, welche Rolle die Schwägerin einnahm – vermutlich eine eher repräsentative.) Im Mittelpunkt ihrer Ausführungen steht immer ihr Bruder, dessen Überarbeitung, dessen Erschöpfung, dessen Krankheit. Sie freut sich, wenn er sich so wohl befindet, daß sie »ohne Unterbrechung mit dem Copieren dessen zu thun hatte, was er schrieb«.[17] Wenn sie selbst krank ist, versucht sie es für sich zu behalten, um ihrem Bruder weiter nützlich sein zu können. Als sie indessen zu erblinden fürchtet, kann sie das kaum verbergen, und diese Furcht zieht sich fortan wie ein roter Faden durch ihr Leben.

In den Jahren nach 1798 entdeckte sie keine Kometen mehr, beobachtete sie aber weiter mit großem Eifer. Ihre nächste Hauptaufgabe wurde eine andere. Das damalige Standardwerk über die Himmelskörper war der Katalog des ersten königlichen Astronomen John Flamstedt (1646–1719), der einige Jahre nach dessen Tod erschienen war. Darin waren die Positionen von 2935 Sternen verzeichnet. Zusätzlich zu dem Katalog gab es noch eine Aufzeichnung der originalen Beobachtungen, die dazu dienen konnten, die Daten des Katalogs zu überprüfen. Dazu bedurfte es aber eines Verweisregisters, das zu erstellen Wilhelm Herschel, dem Ungereimtheiten aufgefallen waren, seine Schwester bat. Klaglos übernahm sie diese langwierige und langweilige, aber wichtige Aufgabe; sie kostete sie einige Jahre und brachte ihr viel Anerkennung ein. 1789 wurde der Sternenkatalog von der Royal Astronomical Society publiziert, und trotz einiger Defizite (die sich vor allem auf die unübersichtliche Organisation bezogen, die Caroline Herschel von Flamstedt übernommen hatte) galt er sogleich als unverzichtbares Hilfsmittel der Astronomen.

In den folgenden Jahren arbeitete Caroline Herschel weiterhin in erster Linie als Assistentin ihres Bruders, eigenständige Arbeiten sind aus dieser Zeit nicht überliefert. Wilhelm Herschel starb 1822. Mittlerweile war dessen einziger Sohn längst beruflich in die Fußstapfen seines Vaters getreten; auch in der Wertschätzung seiner Tante sollte er bald in gewissem Sinne den Platz seines Vaters einnehmen. Der Tod Wilhelm Herschels stürzte seine Schwester in tiefe Verzweiflung; ohne ihn fühlte sie sich »als ein Wesen, das zu nichts in der Welt mehr taugt«.[18] Ihre sofortige Reaktion war, zurück nach Hause zu gehen, aus England zu entfliehen, wo sie ohne den geliebten Bruder nicht recht weiterwußte. Als sie diesen Plan aber nach einigen Monaten tatsächlich in die Tat umsetzte, stellte sie rasch – wenn auch zu spät – fest, daß die letzten fünfzig Jahre nicht spurlos an ihr vorübergegangen waren; sie fühlte sich in Hannover nicht mehr zu Hause, ihre dortigen Verwandten waren ihr fremd geworden, sie teilten ihre Interessen nicht, und sie fühlte sich von ihnen schlecht behandelt. Von nun an ziehen sich Klagen über ihre Fremdheit in der Heimat durch ihre Briefe – sie erhofft und befürchtet den nahenden Tod und lebt doch noch 25 Jahre in rastloser Tätigkeit, aber mit zunehmenden Altersbeschwerden. Und sie verhielt sich zunehmend eigentümlich: Geschenke, die ihr gemacht wurden, wies sie oft zurück, um nicht den Menschen, die kein Interesse an ihr hätten, noch mehr zu hinterlassen, was sie nicht verdienten. Lieber solle dieses Buch oder jenes gleich an ihren Neffen gehen …
Sie verfolgte die Entwicklungen in der Astronomie mit Interesse und gleichzeitigem Mißtrauen, denn nichts

konnte in ihren Augen mit den Leistungen ihres Bruders konkurrieren. Gleichzeitig fürchtete sie, daß sein Ansehen in der Öffentlichkeit durch neue Entwicklungen geschmälert werden könnte.

Ihre beruflichen Kontakte beschränkten sich vorwiegend auf Briefkontakte; oft kamen allerdings auch Astronomen nach Hannover, um die berühmte Caroline Herschel aufzusuchen, die eine unbestrittene »Reputation als gelehrte Frau« genoß. Auch Schaulustige, neugierige Touristen, kamen, um sie zu sehen. Sie haßte es, eine Rolle als Kuriosität in der Gesellschaft spielen zu müssen, konnte sich dem aber kaum entziehen. Tatsächlich wäre sie ohne das gesellschaftliche Leben wohl recht einsam gewesen, und es war sicher auch ein gewisses Maß an Koketterie dabei, wenn sie immer wieder über ihre gesellschaftlichen Verpflichtungen sowie ihre Ungeschicklichkeit in diesen Dingen klagte. Tatsächlich genoß sie ihr Ansehen als Gelehrte, wie ihr Briefwechsel mit ihrem Neffen John deutlich macht. Ihm gab sie fachliche Ratschläge, ihm sandte sie die Arbeiten, die sie noch immer zuweilen anfertigte. Ihre wichtigste Arbeit aus der Zeit nach dem Tod ihres Bruders war ein Katalog von Nebeln, den sie unter anderem aus Wilhelms Veröffentlichungen zusammenstellte. Obwohl der Katalog nicht publiziert wurde, wurde ihr dafür die Goldmedaille der Royal Astronomical Society verliehen. Weitere Auszeichnungen folgten: Sie wurde Ehrenmitglied der Royal Society, gemeinsam mit der Mathematikerin Mary Somerville. Man wählte sie außerdem zum Mitglied in die Royal Irish Academy, und schließlich verlieh ihr der Preußische König eine Goldmedaille für ihre Verdienste als Mitarbeiterin ihres Bruders.

Im Alter von 97 Jahren starb Caroline Herschel am 9. Januar 1848.

FASZINATION DER ELEMENTE:

Marie Curie
(1867–1934)

»Gestern habe ich zum ersten Mal anstelle meines Pierre die Vorlesung gehalten. Welches Elend, welche Verzweiflung! Du wärst glücklich gewesen, mich an der Sorbonne vortragen zu sehen, und wie gern hätte ich es für Dich getan. – Aber es an Deiner Stelle zu tun, o mein Pierre, kann man sich etwas Grausameres vorstellen, und wie ich darunter gelitten habe, und wie entmutigt ich mich fühle.«[1] Das schreibt Marie Curie ein halbes Jahr nach dem Tod ihres Mannes Pierre 1906 in ihr Tagebuch. Im Dezember 1903 hatten Marie und Pierre Curie für die Entdeckung des Radiums gemeinsam mit Henri Becqerel den Nobelpreis für Physik erhalten. Pierre Curie, der acht Jahre älter war als seine Frau, hatte nach langen, entbehrungsreichen Jahren 1904 endlich einen Lehrstuhl an der Sorbonne übernehmen können. Damit schien das gemeinsame Leben etwas leichter zu werden, und der Fortgang der Arbeit war endlich auch finanziell gesichert. Marie Curie wurde kein Lehrstuhl übertragen, sondern die Leitung eines Laboratoriums (das, wie sie in ihrer Autobiographie schreibt, nie eingerichtet wurde). Aber als ihr Mann zwei Jahre später an den Folgen eines Verkehrsunfalls starb – er war überfahren worden –, wurde sie seine Nachfolgerin.

Marie Curie begann ihr Tagebuch kurz nach dem tödlichen Unfall von Pierre Curie am 19. April 1906 und beendete es ein Jahr später. Die wenigen kurzen Aufzeichnungen gehören zum Persönlichsten und Ergreifendsten, was von dieser strengen, zurückhaltenden, vorgeblich nur auf ihre Forschung bedachten Wissenschaftlerin überliefert ist. Marie Curie führt darin einen imaginären Dialog mit dem Toten, den sie auf diese Weise dem Vergessen zu entreißen hofft, denn sie weiß nur zu gut, wie schnell das Vergessen einsetzt – schon als sie zu schreiben beginnt, erinnert sie sich nicht mehr en détail an alle Ereignisse des erst zwei Wochen zurückliegenden letzten gemeinsamen Wochenendes auf dem Lande, und unbarmherzig notiert sie jede Kleinigkeit, die ihr zu entfallen droht. Sie denkt an eine Geste ihres Mannes, »an die ich mich heute erinnere und die mein Gedächtnis nach und nach löschen wird; schon ist die Erinnerung ungenau und ungewiß. Oh! Wie ich diesen Mangel an visuellem Gedächtnis verfluche, der verhindert, daß ich mir ein sichtbares Bild des Verschwundenen mache.«[2] Die Verzweiflung, die die auf Contenance bedachte Frau im Beisein anderer nie zugelassen hätte, manifestiert sich in den kargen und direkten Worten des Tagebuchs. Ebenso ihre Zweifel im Hinblick auf die Arbeit: Soll sie weiterarbeiten? Ist es nicht absurd, die gemeinsame Arbeit fortzuführen, kann sie das überhaupt? Oder umgekehrt: Ist es nicht ihre Pflicht sowohl ihrem Mann als auch der gemeinsam begonnenen Aufgabe gegenüber, sie weiterzuführen? Ja, ist es nicht vielleicht das einzige, was ihr zu überleben helfen kann?

Marie Curie hat weitergearbeitet, und die Arbeit hat ihr geholfen zu überleben. Sie wurde erst zur außerordentlichen, zwei Jahre später zur ordentlichen Professorin ernannt – und war somit die erste Frau in Frankreich mit einem solchen Titel und auf einem solchen Posten. Sie führte die begonnenen Forschungen zu Ende, und 1911 wurde ihr ein zweites Mal, dieses Mal ihr allein, der

Nobelpreis verliehen: für Chemie. Marie Curie wurde weltberühmt, erhielt viele Auszeichnungen und Ehrendoktorwürden und wurde schließlich sogar in die französische Akademie der Wissenschaften aufgenommen. Ihre Tochter Irène setzte diese Tradition fort; sie arbeitete lange mit ihrer Mutter zusammen und erhielt ihrerseits 1935 zusammen mit ihrem Mann Frédéric Joliot den Nobelpreis für Chemie.

Ein überaus erfolgreiches Wissenschaftlerinnenleben also, das jedoch sehr mühsam begonnen hatte.[3] Nichts wies darauf hin, daß Marie Skłodowska eine der bedeutendsten Naturwissenschaftlerinnen des 20. Jahrhunderts, ja die erste Frau, »die als Naturwissenschaftlerin zu Ruhm und bleibendem Ansehen gelangte«,[4] werden sollte, als sie am 7. November 1867 in Warschau geboren wurde. Ihr Vater war Gymnasiallehrer für Mathematik und Physik und erteilte später zusätzlich Privatunterricht, die Mutter »war Leiterin einer der besten Mädchenschulen in Warschau«, wie Marie Curie in ihrer Autobiographie schreibt;[5] sie führte später eine Pension für Schülerinnen in der Privatwohnung, da das Einkommen des Vaters für die siebenköpfige Familie nicht ausreichte. Das väterliche Interesse für die Naturwissenschaften muß die Kinder, insbesondere das fünfte und jüngste, Marie, sehr geprägt haben. Marie durfte von klein auf ihren naturwissenschaftlichen Interessen nachgehen – und sie durfte, mußte sogar lernen, soviel sie nur konnte, denn die Ausbildung der Kinder lag den Eltern sehr am Herzen. Das war damals alles andere als selbstverständlich. Die Erziehung junger Frauen zielte zu diesem Zeitpunkt gewöhnlich eher auf häusliche und soziale und darüber hinaus höchstens auf kulturelle Kompetenzen (im weiteren Sinne). Das Frauenstudium war in Europa erst im Entstehen begriffen; in Polen war Frauen die Universität noch gänzlich verschlossen; nur in der Schweiz durften sie bereits studieren, wenngleich studierende Frauen noch lange als Abweichung von der Norm galten.

Auch hier findet sich also das vertraute Muster, wenn auch mit Abwandlungen: Der Vater förderte die Tochter, die ohne ihn in diesen der Frauenbildung nicht eben förderlichen Zeiten schwerlich ein derartiges Interesse an den Wissenschaften hätte entwickeln können, das ihr die Kraft verlieh, sich gegen gängige Vorurteile durchzusetzen – und die Bereitschaft, große materielle und soziale Opfer für ihre Arbeit zu bringen. Man benötigte nicht nur Begabung, sondern – wie man heute sagen würde – auch sehr viel positives Feedback, um in einer patriarchalen Umgebung das (Selbst-)Bewußtsein zu entwickeln, daß man auch als Frau ein intelligentes, ja intellektuelles Wesen ist, das sich für Dinge außerhalb des engen familiären und häuslichen Horizonts zu begeistern und hart dafür zu arbeiten vermag. Marie Curie schreibt: »Der Vater war ein ausgezeichneter Erzieher. Für unser Lernen interessierte er sich sehr, und er verstand es, uns immer wieder anzuleiten. Doch die Erziehungsbedingungen waren sehr schwer.«[6] Wenig später heißt es: »Mathematik und Physik im Umfang des Schulunterrichts fiel mir leicht. Mein Vater liebte diese Fächer und unterrichtete sie. Er benutzte jede Gelegenheit, um uns etwas auf dem Gebiet der Naturwissenschaft zu erläutern. Leider besaß er selbst kein Labor und konnte keine Versuche machen.«

Es ist in diesem Falle jedoch wohl nicht nur der Vater, sondern auch die Mutter gewesen, die der Tochter die selbstverständliche Lust am Wissen und am Wissenserwerb sowie eine unerhörte Disziplin vermittelt hat. Sie starb bereits 1878 (als Marie neun Jahre alt war) an

Tuberkulose, und die Familie mußte allein zurechtkommen. Marie lernte mithin sehr früh, selbständig zu werden und Verantwortung zu übernehmen. Fleiß war nun mehr denn je als Primärtugend gefragt, und über diese Tugend verfügte sie in hohem Maße.

1883 legte sie als Jahrgangsbeste das Abitur am Kaiserlichen Gymnasium ab. Aber dann konnte vom ersehnten Studium erst einmal keine Rede sein, denn dazu fehlte der Familie das Geld. Nachdem Marie Skłodowska ihre angegriffene Gesundheit ein Jahr lang auf dem Lande gepflegt hatte, gab sie Nachhilfestunden in Warschau, und schließlich begann sie im Alter von 18 Jahren, als Hauslehrerin auf dem Lande zu arbeiten. Die Trennung von der Familie und von Warschau »gehört zu den lebendigsten Erinnerungen meiner Jugend. Schweren Herzens bestieg ich den Zug, der mich in mehreren Stunden weit wegbringen sollte von denen, die ich liebte.«[7] Ihre ältere Schwester Bronia wollte nach Paris gehen, um dort doch noch Zugang zur Universität zu bekommen und Medizin zu studieren. Der einzige Bruder blieb hingegen in Warschau und studierte dort Medizin. Bronia und Marie hatten eine Übereinkunft getroffen: Erst würde Marie die Schwester finanziell unterstützen, und wenn diese das Studium beendet hätte, würde sie als Gegenleistung Maries Studium in Paris ermöglichen.

Die folgenden Jahre mußten durchgestanden werden: Die Arbeit als Gouvernante bedeutete, bei fremden Menschen zu leben, sie ständig um sich zu haben, kaum Zeit für eigene Interessen zu besitzen, immer verfügbar sein zu müssen und, am schlimmsten, sich in einem sozialen Niemandsland zu befinden, denn die Position einer Gouvernante war zwischen der eines Dienstboten und einer Lehrerin angesiedelt. Sie mochte zuweilen fast wie ein

Familienmitglied behandelt werden – wenn es hart auf hart kam, machte man ihr jedoch unmißverständlich klar, daß sie keines war. So scheiterte denn auch die erste Liebesbeziehung Marie Skłodowskas zu dem Sohn der Familie, bei der sie auf dem Lande arbeitete: Die geplante Heirat der beiden wurde von seinen Eltern strikt untersagt. Marie mußte dennoch weiter in der Familie arbeiten, bis ihr Kontrakt auslief. Was für eine Enttäuschung und, darüber hinaus, welche Demütigung. »Meine Zukunftspläne?« schreibt sie an ihre Kusine im Dezember 1886. »Ich habe keine, oder vielmehr sind sie so ungewöhnlich und landläufig, daß es nicht der Mühe wert ist, von ihnen zu reden. Mich durchschlagen, so gut es geht, und wenn es nicht mehr geht, dieser schnöden Welt Adieu zu sagen. Der Schaden wird gering sein, und beweinen wird man mich auch nicht länger als so viele andere.«[8]

Marie hielt durch, trotz des Heimwehs, das sie quälte. Zusätzlich zum Unterricht und den sonstigen sozialen Verpflichtungen innerhalb der Familie und zusätzlich zu ihren autodidaktischen Studien gab sie eine Zeitlang aus sozialem Engagement den Bauernkindern des Orts unentgeltlichen Unterricht im Rechnen, Lesen und Schreiben: »Die Anzahl meiner Schüler ist nun auf achtzehn gestiegen. Selbstverständlich kommen sie nicht alle auf einmal, denn das könnte ich nicht bewältigen, aber auch auf diese Weise habe ich zwei Stunden täglich damit zu tun. Mittwoch und Samstag nehme ich mir mehr Zeit, bis zu fünf Stunden hintereinander.«[9] Für ihre eigene Fortbildung beschäftigte sie sich mit Soziologie, Physik, Anatomie, stets alles durcheinander: »Ich lese immer mehreres auf einmal: die fortlaufende Beschäftigung mit ein und demselben Gegenstand könnte mein schon stark überanstrengtes Gehirn ermüden. Wenn ich mich absolut unfähig fühle, mit Nutzen zu lesen, löse ich algebraische und trigonometrische Aufgaben; die vertragen kein Nachlassen der Aufmerksamkeit und bringen mich wieder ins rechte Fahrwasser.«[10]

Als schließlich ihr Ziel, zum Studium nach Paris zu gehen, in greifbare Nähe gerückt war, gab sie fast auf, weil sie nicht mehr daran glauben konnte und auch ihren Vater nicht allein lassen mochte, der nun, im Alter, mit seiner Tochter zusammen zu leben wünschte. Ein Jahr blieb sie in Warschau bei ihm, gab Nachhilfestunden, führte erste naturwissenschaftliche Versuche in einem Laboratorium ihres Vetters durch und besuchte abends die sogenannte »Fliegende Universität«. Das waren Zusammenkünfte in Privatwohnungen, auf denen politische und soziale Theorien gelehrt und diskutiert wurden. Hoch im Kurs standen etwa die Theorien des Positivisten Auguste Comte oder des Naturforschers Charles Darwin. Die »Fliegende Universität« war zwar verboten, aber die einzige Möglichkeit für sie, sich wissenschaftlich und politisch zu bilden. Marie Curie erinnert sich Jahre später an diese Zeit, und sie zieht das Fazit, daß diese Zusammenkünfte trotz der geringen Ergebnisse – aufgrund der wenigen Mittel, die ihnen zur Verfügung standen, sowie der notwendigen Geheimhaltung – höchst fruchtbar waren: »Ich bin jedoch immer noch der Auffassung, daß die Ideen, die uns damals begeisterten, den einzigen Weg des wirklichen gesellschaftlichen Fortschritts aufzeigen. Es ist unmöglich, eine bessere Welt aufzubauen, ohne das Leben der einzelnen Menschen zu verbessern. Deshalb muß jeder bestrebt sein, seine eigene Lage zu verbessern und gleichzeitig die Verantwortung für die gesamte Menschheit zu tragen. Denn es ist unsere besondere Pflicht, denen zu helfen, denen wir am nützlichsten sein können.«[11]

Endlich ging sie aber doch nach Frankreich, immatrikulierte sich im Alter von 26 Jahren 1891 an der Sorbonne und begann ein Studium, das für sie um so härter war, als das polnische Ausbildungswesen, wie sie herausfand, weit hinter dem französischen zurücklag, ihr also trotz Abitur und der vielen autodidaktischen Arbeit viele Voraussetzungen fehlten. Um der Universität näher und insgesamt weniger abgelenkt zu sein, zog sie bald aus der Wohnung ihrer Schwester Bronia aus und mietete sich eine karge Kammer im sechsten Stock eines ärmlichen Mietshauses. Fortan lebte sie ziemlich isoliert und in bescheidensten Verhältnissen; sie pflegte kaum soziale Kontakte, ernährte sich mangelhaft, arbeitete unablässig und beklagte sich nur zuweilen über die Eintönigkeit ihres Lebens. Ihr nachträgliches Fazit lautete: »Es ist unmöglich, all das Gute zu beschreiben oder auszudrücken, das mir diese Jahre gebracht haben. (…) Vor mir tat sich eine neue Welt auf, eine Welt des Wissens, zu der mir endlich der Zutritt gestattet war.«[12]

Nach zwei Jahren legte sie ein ausgezeichnetes Examen in Physik ab, setzte dann mit Hilfe eines Stipendiums ihr Studium der Mathematik fort und schloß auch dieses mit Erfolg 1894 ab. Entgegen ihren bisherigen Wünschen wollte sie aber nun nicht mehr Lehrerin werden, sondern strebte die Promotion – das heißt die Fortsetzung der wissenschaftlichen Arbeit – an. Mittlerweile hatte sie den acht Jahre älteren Pierre Curie kennengelernt, der an der Schule für Industrielle Physik und Chemie unterrichtete und ein Labor leitete.[13] Er hatte bereits mit seinem Bruder Jacques zusammen das Prinzip der polaren Elektrizität, der Piezo-Elektrizität, entdeckt, heute die Grundlage vieler Technologien, die aus unserem Alltag nicht mehr wegzudenken sind (Quarzuhren,

Computer, TV etc.). 1895 erhielten die Brüder dafür den Prix Planté. Mittlerweile arbeiteten sie getrennt, Pierre in völlig unangemessenen Verhältnissen, aber beseelt von der Leidenschaft für die Grundlagenforschung und völlig uninteressiert an den industriellen Anwendungsmöglichkeiten: »Ausschließlich mit wissenschaftlichen Forschungen beschäftigt, schenkte er seiner Karriere nur wenig Aufmerksamkeit; seine Einkünfte waren daher sehr gering«, schreibt Marie Curie später.[14] Seine völlig sachorientierte Einstellung teilte sie. Ihr Biograph Reid kritisiert zu Recht, daß die beiden konsequenterweise auch glaubten, die Anwendung ihrer Erfindungen ginge sie nichts an – ein fataler Irrtum, dem die moderne Naturwissenschaft noch oft anheimfiel.[15]

1895 heirateten die beiden, und es begann eine der fruchtbarsten Beziehungen der Wissenschaftsgeschichte: »Mein Mann und ich waren durch Liebe und gemeinsame Arbeit derartig fest miteinander verbunden, daß wir fast die ganze Zeit gemeinsam verbrachten. (...) Fast jede unterrichtsfreie Stunde verbrachte mein Mann mit Forschungen in seinem Schullaboratorium; ich bekam die Erlaubnis, bei ihm zu arbeiten. (...) Es fiel mir nicht leicht, die häuslichen Pflichten mit der wissenschaftlichen Arbeit in Einklang zu bringen. Doch bei gutem Willen konnte ich es schaffen.«[16]

Um die Jahrhundertwende stand noch völlig außer Frage, daß eine Frau die häuslichen Pflichten übernahm; die Mitarbeit des Ehemannes im Haushalt lag jenseits des Vorstellbaren. Auch Pierre Curie kam nicht auf die Idee – aber um so bemerkenswerter ist seine Überzeugung, daß seine Frau eine gleichwertige wissenschaftliche Arbeit leiste, und sein Beharren darauf, daß sie seine Arbeit mit ihm teilte. Eine Unterbrechung ihrer wissenschaftlichen

Arbeit aus familiären Gründen kam für ihn auch nach der Geburt des ersten Kindes 1897 nicht in Frage. Darin unterschied er sich ganz wesentlich von den meisten Männern seiner Zeit. Und es war genauso wenig selbstverständlich, daß Curies Vater nach dem Tode seiner Frau bei Marie und Pierre einzog und sich um die Enkelin kümmerte, damit seine Schwiegertochter ihre Arbeit fortsetzen konnte.

Pierre Curie war aufgrund seines höheren Alters, seiner größeren Erfahrung und seiner besseren beruflichen Position imstande, Marie bei der Entscheidung für ihr Dissertationsthema zu unterstützen; die Wahl fiel ganz pragmatisch und strategisch auf die Radioaktivität. 1895 hatte Wilhelm Conrad Röntgen erstmals künstliche Röntgenstrahlen erzeugt und das erste Röntgenbild produziert. Henri Becquerel berichtete ein Jahr später über seine Entdeckung der Radioaktivität des Schwermetalls Uran. Hier galt es weiterzuforschen, fanden die beiden Curies; und Marie ging daran, mit Hilfe des von Jacques und Pierre Curie entwickelten Piezo-Elektrometers die Strahlungen zu messen, nachdem sie zuvor eine Reihe anderer Metalle und Mineralien auf Strahlungen untersucht und festgestellt hatte, daß eine solche auch im Thorium vorhanden war. Ihr Mann gab seine eigenen Forschungen (vermeintlich vorübergehend) auf, um ihr bei den Messungen zu helfen, und so entdeckten die Curies schließlich gemeinsam eine damals neue Eigenschaft der Materie, wie es in der Laudatio anläßlich der Verleihung des Nobelpreises heißt, nämlich die »Fähigkeit, diese wunderbaren Strahlen offenbar spontan auszusenden«.[17] Sie entdeckten das Radium.

Das kostete sie Jahre harter Arbeit. Sie hatten keine Mittel, um sich eine angemessene Ausrüstung oder gar

Mitarbeiter leisten zu können. Ihr Arbeitsplatz war eine Lagerhalle, die ihnen der Leiter der Fachhochschule, an der Pierre Curie lehrte, zur Verfügung gestellt hatte: keine adäquate Forschungsstätte, aber immerhin ein Ort, wo sie arbeiten konnten. Marie Curies Arbeit war, wie Ulla Fölsing betont, über viele Jahre hinweg Knochenarbeit. Sie war keine Theoretikerin, die Schlußfolgerungen und Spekulationen überließ sie anderen. Ihre Sache war die Grundlagenforschung. Sie selbst beschreibt die damalige Zeit so: »Zuweilen verbrachte ich den ganzen Tag beim Umrühren einer siedenden Masse mit einem schweren Eisenstab, der fast so groß war wie ich. Da war ich manchmal wirklich übermüdet. Ein anderes Mal bestand die Arbeit in der äußerst genauen und feinen Teilchen-Kristallisation, die eine Erstarrung der Radiumlösung zum Zweck hatte.«[18] Sie berichtet auch von der Schönheit der abendlichen Besuche im improvisierten Labor: »Überall sahen wir dabei die schwach leuchtenden Umrisse der Gläser und Beutel, in denen unsere Präparate untergebracht waren. Dies war ein wirklich herrlicher Anblick, der uns stets neu erschien. Die glühenden Röhrchen sahen wie winzige Zauberlichter aus.«[19]

1903 promovierte Marie Curie mit ihrer Arbeit über die Radioaktivität; im selben Jahr wurde dem Ehepaar Curie gemeinsam mit Henri Becquerel der Nobelpreis für Physik zuerkannt: Becquerel für die Entdeckung der spontanen Radioaktivität, den Curies für die Weiterführung und Bestätigung seiner Entdeckungen.[20] In der Präsentation der Preisträger wird ausdrücklich die Zusammenarbeit des Ehepaares gewürdigt, aber ein Zitat aus der Genesis (»Es ist nicht gut, daß der Mensch allein sei; ich will ihm eine Gehilfin machen, die um ihn sei«[21]) stellt unmißverständlich klar, daß die eigentliche treibende Kraft

Pierre Curie und sie nur seine Gehilfin gewesen sei. Das entspricht dem altbekannten Modell der geschlechtsspezifischen Zusammenarbeit – die einzige Interpretation, die der männlichen Wissenschaft erlaubte, mit der als außergewöhnlich erachteten wissenschaftlichen Tätigkeit von Frauen zurechtzukommen.

Marie Curie legte fortan größten Wert darauf, zu betonen, welches ihr Anteil an der gemeinsamen Arbeit gewesen sei. So hob sie in ihrer Rede anläßlich der Verleihung des Chemie-Nobelpreises 1911 hervor, daß sie immer mit Pierre Curie zusammengearbeitet habe und der Erfolg ein gemeinsamer sei. Aber sie läßt keinerlei Zweifel daran, wer von beiden für welche Arbeit zuständig und verantwortlich gewesen sei. Sie machte auf diese Weise deutlich, daß sie eben nicht nur Gehilfin war, sondern einen eigenständigen Anteil an der gemeinsamen Arbeit hatte.

Zur Zeit der Verleihung des Nobelpreises arbeitete Marie Curie noch als Lehrerin in einer Mädchenschule, Pierre Curie war außerordentlicher Professor an der Sorbonne. Erst 1904 wurde er zum ordentlichen Professor ernannt, erhielt nun also Salär und Vergünstigungen; seine Frau wurde zur Leiterin des Laboratoriums bestellt. Einen Ruf an die Universität Genf im Jahre 1900 hatte Pierre Curie abgelehnt, weil er fürchtete, diese Stelle nehme ihm und seiner Frau den nötigen Freiraum für die Forschungsarbeit. Nun, nach der Preisverleihung und der Ernennung an der Sorbonne, wurde das Leben (und die Arbeitsbedingungen) etwas leichter, aber andererseits auch anstrengender, denn die öffentliche Anerkennung brachte soziale und berufliche Verpflichtungen mit sich, die den beiden Curies wenig genehm waren.

1904 wurde die zweite Tochter der Curies geboren.

1906 geschah schließlich besagter Verkehrsunfall, der Pierre Curie das Leben kostete. Marie Curie erinnert sich an den letzten Morgen und sein alltägliches Chaos: »Du brachst auf, du warst in Eile, ich kümmerte mich um die Kinder, du bist gegangen und hast mich von unten noch gefragt, ob ich ins Labor ginge, ich habe geantwortet, daß ich es noch nicht wisse und daß du mich nicht quälen solltest. Und daraufhin bist du gegangen, und der letzte Satz, den ich zu dir gesagt habe, war kein Satz der Liebe und der Zärtlichkeit. Und als ich dich wiedergesehen habe, warst du tot.«[22] Es mißbehagte ihr sehr, daß man ihr seine Nachfolge antrug, denn welchen Sinn konnte diese Arbeit haben, wenn sie sie allein täte – hatte sie nicht immer gesagt, daß sie ohne ihn nicht forschen würde? Andererseits erfüllte sie sein Vermächtnis, wenn sie weitermachte: »Ich kann mir nichts mehr vorstellen, was mir wirklich persönliche Freude machen könnte, außer vielleicht der wissenschaftlichen Arbeit; und dann auch wieder nicht, denn wenn ich Erfolg hätte, wäre ich nur unglücklich darüber, daß du es nicht wüßtest. Aber dieses Labor gibt mir in gewissem Sinne die Illusion, etwas von deinem Leben und Spuren deines Weges bewahren zu können.«[23]

Da die Curies kein Patent für ihre Entdeckung des Radiums angemeldet hatten, zogen sie keinerlei finanzielle Vorteile aus seiner bald einsetzenden kommerziellen Herstellung und Nutzung. Unbekannt war ihnen zunächst die Gesundheitsschädlichkeit der Strahlung, der sie sich täglich ohne jeden Schutz aussetzten, obgleich sie recht bald darum wußten, wie Radium in der Krebsbehandlung eingesetzt werden konnte. Als Marie Curie ihr kostbares Gramm Radium zu Beginn des Ersten Weltkrieges von Paris nach Bordeaux schaffte, war ihr immerhin bewußt, daß man sich vor der Strahlung schützen mußte; das Radium war mit Bleiplatten abgeschirmt und der Koffer so schwer, daß sie ihn kaum allein tragen konnte.

Marie Curie setzte ihre Arbeit der Messung und Isolierung des Radiums fort und verfeinerte die Methoden immer mehr; sie wurde damit beauftragt, einen Standard zur Messung von Radium zu erarbeiten. 1910 wurde dieser Standard festgelegt, und seine Maßeinheit wurde »Curie« genannt. Ein Curie entspricht der Aktivität eines Gramms reinen natürlichen Radiums pro Sekunde.[24]

Im selben Jahr starb Marie Curies Schwiegervater, eine wichtige Bezugsperson der letzten Jahre und der Hüter ihrer Kinder – zu der Trauer um ihn kam also die Notwendigkeit, neue Organisationsformen für die Kinderbetreuung zu finden. Es wurde ein Kindermädchen eingestellt, und Marie Curie arbeitete mit unvermindertem Einsatz weiter.

1911 gab es eine häßliche Pressekampagne gegen sie. Man machte ihre Beziehung zu ihrem (noch) verheirateten Kollegen Langevin publik und veröffentlichte persönliche Briefe der beiden, die Frau Langevin der Presse zugespielt hatte. Damit wurde Maries Beziehung zu Langevin, der ein Schüler Pierre Curies und schon lange ein enger Freund gewesen war, auf Dauer ruiniert. Marie Curie war für kurze Zeit aufgeblüht, wie eine Freundin beobachtete, sie hatte mit einemmal helle Kleider getragen statt des ewigen Schwarz und Grau, sie hatte jünger ausgesehen und freundlicher gewirkt als sonst. Das war nun wieder vorüber, und eine gewisse Verbitterung setzte bei ihr ein. Nicht minder wichtig als diese private Erfahrung war eine berufliche Niederlage: Bei der Wahl zur Aufnahme in die Académie des Sciences unterlag sie knapp, und diese Niederlage verletzte sie zutiefst, zumal sie sich immer geweigert hatte, sich um eine Ehrung zu bewerben. Diesmal hatte sie sich überzeugen lassen, daß es notwendig sei, und das Resultat übertraf ihre schlimmsten Befürchtungen.[25] Madame Curie wurde so streng und unnahbar wie zuvor. Die schlechten Erfahrungen mit der Presse sowohl in privater als auch in beruflicher Hinsicht sowie mit dem akademischen Establishment saßen tief und wurden von ihr nie vergessen.[26] Langevin blieb freilich ein geschätzter Kollege und wurde später zum Lehrer von Irène Curie, Maries Tochter.

Aber das Jahr 1911 hielt auch einen ungeheuren Erfolg für sie bereit: Der Nobelpreis wurde Marie Curie – ein unerhörter Fall – ein zweites Mal zuerkannt: »in Anerkennung der Rolle, die sie in der Entwicklung der Chemie gespielt hat: durch die Entdeckung der chemischen Elemente Radium und Polonium; durch die Bestimmung der Eigenschaften des Radiums und durch die Isolierung des Radiums in seinen reinen metallischen Zustand; und schließlich durch ihre Erforschung der Zusammensetzung dieses bemerkenswerten Elements«.[27] Diese Begründung weicht kaum von der der ersten Preisverleihung ab. Etwas gänzlich Neues ist nicht zu den Ergebnissen von damals hinzugetreten, sondern nur die gründliche Ausarbeitung und Weiterentwicklung dessen, was damals begonnen hatte. Curie hatte in der Zwischenzeit ihre Hypothese beweisen können, daß Radioaktivität eine atomare Eigenschaft von Materie ist und ein Mittel zur Suche nach neuen Elementen darstellen kann sowie daß Radium ein neues chemisches Element ist.[28] Damit hatte sie eine neue Wissenschaft begründet, die neue Methoden und neue Anwendungen mit sich brachte. Am Ende ihrer Nobelpreisrede erklärt sie, es gehe hier um eine eigenständige

Chemie, deren wichtigstes Arbeitsmittel nicht mehr die Waage, sondern der Elektrometer sei und »die wir durchaus die Chemie des Unwägbaren nennen könnten«.[29]

Marie Curie wurde krank; es dauerte lange, bis sie sich wieder einigermaßen erholt hatte. Sie lehnte ein Angebot aus Polen ab, in ihre alte Heimat zurückzukehren und dort das geplante Radium-Institut aufzubauen und zu leiten. Sie unterstützte den Plan jedoch und fuhr zur Eröffnung nach Warschau. Schon länger existierten auch in Paris derartige Pläne: Die Sorbonne und das Pasteur-Institut hatten sich dazu durchgerungen, ein gemeinsames Radium-Institut zu errichten, dessen Leitung Marie Curie übernehmen sollte. Der Bau begann, aber die endgültige Fertigstellung, vor allem die Ausrüstung, wurde durch den Ausbruch des Ersten Weltkrieges erst einmal verschoben.

Der Krieg unterbrach auch Madame Curies Arbeit. Sie entschloß sich, »ihre Kenntnisse in den Dienst der Allgemeinheit zu stellen«,[30] und begann aktiv an der Organisation des Röntgendienstes in den Lazaretten mitzuarbeiten. Sie richtete radiologische Fahrzeuge ein, mobile Röntgenstationen, die mit einem Röntgenapparat und einem Dynamo ausgestattet waren und dorthin fahren konnten, wo sie gebraucht wurden. Alles in allem baute sie zwanzig solcher Fahrzeuge zusammen, richtete 200 stationäre Röntgenzentren ein; sie bemühte sich um finanzielle Unterstützung und besuchte selbst Krankenhäuser und Ambulatorien. Irène Curie hatte eine Sanitätsausbildung gemacht und half ihrer Mutter bei der Ausbildung von Röntgenpersonal.

1915 holte Marie Curie das kostbare eingelagerte Gramm Radium aus Bordeaux nach Paris zurück, um es einer sinnvollen Verwendung zuzuführen. In gewissen

Abständen sondert das Radium Emanationen ab, die zur medizinischen Behandlung verwendet werden können. Madame Curie gründete eine entsprechende Abteilung in ihrem Radium-Institut, um die Emanationen in (lange von ihr selbst verfertigte) Röhrchen zu füllen und dem Gesundheitsamt zur Verfügung zu stellen. Nach und nach richtete sie ihr Laboratorium im Radium-Institut ein; sie unternahm Reisen, forschte weiter und arbeitete unablässig.

Ihre Tochter Irène tat es ihr darin gleich und studierte neben der Arbeit im Gesundheitsdienst Chemie an der Sorbonne. Nach dem Krieg (der Marie Curie auch ihr gesamtes Vermögen kostete, das sie in Kriegsanleihen angelegt hatte) intensivierte sich die enge Beziehung zwischen Mutter und Tochter, denn Irène wurde Marie Curies Mitarbeiterin im Laboratorium. Sie hatte ein ähnlich schroffes Wesen wie ihre Mutter, spielte niemals weibliche Reize aus und stand damit im Gegensatz zu ihrer jüngeren Schwester Eve, für die in dieser Familienkonstellation die Rolle der Femininen und Mütterlichen blieb. Eve schrieb Ende der 30er Jahre eine Biographie ihrer Mutter und publizierte darin erstmals viele private Briefe. Irène promovierte 1925; sie heiratete 1926 ihren Kollegen Frédéric Joliot und entdeckte zusammen mit ihm 1934 die künstliche Radioaktivität, wofür sie dann, wie schon erwähnt, 1935 mit dem Nobelpreis ausgezeichnet wurden.

Als die Chefredakteurin einer großen amerikanischen Frauenzeitschrift, Marie Mattingley Meloney, erfuhr, daß Marie Curies Gramm Radium (das sie längst ihrem Institut übergeben hatte) der einzige Radiumbesitz in ganz Frankreich war (in den USA gab es 50 Gramm), rief sie eine Stiftung ins Leben. Es wurde gesammelt, Marie

Curie wurde mit ihren Töchtern 1921 in die USA eingeladen, und im Mai 1921 überreichte ihr der amerikanische Präsident ein Gramm Radium (im Wert von 100 000 Dollar) als Geschenk zu ihrer alleinigen Verfügung – das heißt, man mußte kurzfristig die Geschenkurkunde ändern, da Marie Curie darauf bestand, daß dieses kostbare Geschenk nicht ihr, sondern ihrem Institut übereignet werde.

Die USA-Reise wurde zum Triumph: Marie Curie besuchte Laboratorien, Universitäten, wurde gefeiert und mit Preisen ausgezeichnet. Allerdings erkrankte sie ernstlich, so daß ihre Töchter einen Teil der öffentlichen Verpflichtungen für sie übernehmen mußten. Ihre Hauptsorge zu jener Zeit galt ihren Augen, die immer schlechter wurden – grauer Star wurde diagnostiziert –, was sie fürchten ließ, sie werde erblinden.

In ihrer Autobiographie erklärt sie, sie und ihr Mann hätten stets auf materiellen Profit aus ihren Forschungen verzichtet und damit nicht nur das Erbe ihrer Kinder geschmälert, sondern auch sich selbst die Möglichkeit genommen, sich optimale Arbeitsbedingungen zu schaffen. Aber, schreibt sie, sie sei immer noch davon überzeugt, richtig gehandelt zu haben: Die Menschheit brauche jene uneigennützigen Träumer, die keinen Reichtum anstreben, sondern nur das Wohlergehen aller im Auge haben. Indessen, so fügt sie hinzu, sollte die Gesellschaft aber auch dafür sorgen, daß diese Träumer, unbehelligt von materiellen Sorgen, sich ganz und gar ihrer Arbeit widmen können. Ein Idealismus wie der ihre ist heute nur noch schwer vorstellbar; er ist jedoch Teil des Mythos Curie.

1922 wurde sie zum Mitglied der Internationalen Kommission für geistige Zusammenarbeit in Genf ernannt. Und es paßte zu ihrer Überzeugung von der ethischen Verpflichtung der Gesellschaft, eine ungestörte Entwicklung der Wissenschaft zu garantieren, sowie zu ihrem Abscheu vor dem Krieg, daß sie sich nun mit voller Kraft dieser Arbeit widmete und schließlich sogar Vizepräsidentin der Kommission wurde – sie, die doch derartige Verpflichtungen immer als eine Störung ihres eigentlichen (Arbeits-)Lebens betrachtet und gefürchtet hatte.

Im Laufe der Zeit mußte Marie Curie sich etlichen Augenoperationen unterziehen, aber sie ignorierte ihr Leiden, so gut es ging. 1923 wurde ihr eine jährliche Pension ausgesetzt, die an ihre Töchter vererbbar war – eine Auszeichnung, die erst viermal, zuletzt 1874 an Louis Pasteur, verliehen worden war.[31] Marie Curie arbeitete weiter; sie hatte keine Scheu mehr vor öffentlichen Auftritten, denn sie wußte mittlerweile, daß sie, wenn sie wissenschaftlich etwas erreichen wollte, Fäden ziehen, sich zeigen, Politik machen mußte. Sie reiste ein zweites Mal in die USA, organisierte mit Hilfe ihrer Schwester Bronia das Geschenk eines weiteren Gramms Radium – dieses Mal nicht für sich, sondern für das polnische Radium-Institut, das über viel zu wenige Mittel verfügte, um seine Arbeit ernsthaft aufnehmen zu können. Sie forschte, lehrte, veröffentlichte, trat auf Tagungen und Kongressen auf, hielt unzählige Vorträge, genoß hohes Ansehen, wurde von ihren Mitarbeitern sehr geschätzt, von anderen aber aufgrund ihrer Härte und Strenge gefürchtet oder gemieden. Ohne diese Härte – die sie ja vor allem auch gegen sich selbst richtete – hätte sie freilich kaum erreicht, was sie erreicht hat.

Ihre Arbeit brachte ihr schließlich auch den Tod: Marie Curie starb am 4. Juli 1934 in einem Sanatorium an perniziöser Anämie, verursacht durch die Strahlung, der sie sich bei ihrer Arbeit jahrelang ausgesetzt hatte.

WISSENSCHAFT IM EXIL:

Lise Meitner
(1878–1968)

Lise Meitner und Marie Curie: In gewissem Sinne waren sie Konkurrentinnen, obgleich die eigentliche Konkurrenz eher zu Irène Joliot-Curie und Frédéric Joliot bestand, als in den 1930er Jahren der Wettlauf zwischen der Pariser und der Berliner Forschergruppe, die zur Radioaktivität arbeiteten, dramatische Formen annahm. Es gibt dennoch viele Parallelen zwischen Marie Curie und Lise Meitner. Beide gehören fast derselben Generation an, einer Generation, die Frauen in den Naturwissenschaften noch als Absonderlichkeiten betrachtete und ihnen schon die Grundausbildung verweigerte, ganz zu schweigen vom regulären Universitätsstudium oder gar beruflichen Chancen. Beide hatten also als Frauen mit vergleichbaren Schwierigkeiten zu kämpfen; beide hatten jedoch Eltern, die ihre begabten Töchter förderten oder ihnen zumindest keine Steine in den Weg legten. Beide erforschten die Radioaktivität und hatten dabei einen männlichen Arbeitspartner, der im Falle Curies außerdem ihr Ehemann war, im Falle Meitners ihr geschätzter Kollege Otto Hahn, mit dem sie keinerlei amouröse Gefühle verbanden.

Marie Curie erhielt den Nobelpreis für ihre Forschungen über Radioaktivität gleich zweimal verliehen. Lise Meitner wurde zwar mehrmals nominiert, aber der Preis wurde ihr nie zugesprochen – wohl aber ihrem Arbeitskollegen Hahn für jene Forschungen, die er als Chemiker über viele Jahre hinweg gemeinsam mit ihr, der Physikerin, durchgeführt hatte.

Liese Meitner war Jüdin. Sie hatte nicht nur mit den Widerständen zu kämpfen, die ihr aufgrund ihres Geschlechts entgegengesetzt wurden und teilweise verantwortlich für die Vorenthaltung des Nobelpreises waren. Lise Meitners Arbeit, ihre Position, ja ihr Leben waren ganz unmittelbar bedroht, nachdem die Nationalsozialisten 1933 in Deutschland die Macht übernommen hatten, sie – wie viele andere Juden – aus Amt und Würden jagten und (im günstigsten Falle) ins Exil trieben oder (im schlimmsten Falle) ermordeten. Lise Meitner emigrierte zu einem Zeitpunkt, als es jüdischen Bürgerinnen und Bürgern kaum noch möglich war, aus Deutschland auszureisen, im Jahr 1938. Sie fand Arbeit in Skandinavien, die allerdings ihrem bisherigen Status nicht wirklich angemessen war. Das Schlimmste daran aber war: Sie war von der Forschung in ihrem Berliner Institut abgeschnitten. Zwar tauschten sie und Otto Hahn sich brieflich außerordentlich intensiv über den Fortgang der Arbeit aus, und es ist mittlerweile zweifelsfrei erwiesen, daß sie auch in diesem Stadium noch maßgeblich an der Entdeckung der Kernspaltung, die schließlich endlich gelingen sollte, beteiligt war.[1] Dennoch hat die räumliche Ferne vom Ort des Geschehens sicher nicht unwesentlich dazu beigetragen, daß Lise Meitners Verdienste nicht adäquat gewürdigt wurden.

Doppelt benachteiligt, als Frau und als Jüdin, gelang es ihr, Spitzenleistungen in ihrer Wissenschaft zu erbringen. Trotzdem mußte sie erleben, daß ihr – eben aufgrund dieser doppelten Benachteiligung – der verdiente Anteil am Nobelpreis vorenthalten wurde. »Ihre Arbeit«, so spitzt es Renate Feyl zu, »ist gekrönt worden mit dem

Nobelpreis für Otto Hahn.«[2] Das ist ein bitteres Schicksal, das Lise Meitner mit bewundernswerter Haltung zu tragen wußte. Es gelang ihr anscheinend immer, die Sache – die wissenschaftliche Forschung und die Ergebnisse – über persönliche Erwägungen zu stellen, wenn auch die verweigerte Anerkennung ihrer Leistungen sie tief getroffen haben muß. Ein derart souveränes und sachorientiertes Auftreten ist im akademischen Betrieb überaus selten; es wird gerade von Männern zwar häufig für sich reklamiert, aber selten wirklich realisiert.

Lise Meitner wurde am 7. November 1878 in Wien als drittes von acht Kindern geboren. Die Familie, assimilierte jüdische Bürger, pflegte kulturelle Interessen und suchte den Kindern ein soziales Bewußtsein zu vermitteln. Der Vater war Rechtsanwalt, die Mutter kümmerte sich um die Familie, beide förderten die intellektuelle Entwicklung ihrer Kinder. Lise Meitner schloß 1896 die Mädchenschule ab, die damals noch kein Abitur vorsah, und bat die Eltern darum, ihr ein naturwissenschaftliches Studium zu ermöglichen. Unter der Bedingung, daß sie zunächst einen sicheren Brotberuf erlerne, wurde ihr die Bitte gewährt. So legte sie das Lehrerinnenexamen ab und erteilte ein Jahr lang Probeunterricht. Dann erhielt sie zur Vorbereitung auf das Abitur Privatstunden bei dem Physiker Arthur Szarvasy, der ihr neue Welten des Wissens und des Denkens eröffnete.

Vier der vierzehn Frauen, die sich der Matura-Prüfung unterzogen, bestanden, darunter Lise Meitner. 1901 nahm sie das Studium der Mathematik, Physik, Botanik und Philosophie an der Universität Wien auf, sie hörte Vorlesungen über theoretische Physik bei dem Physiker Boltzmann und promovierte – als eine der ersten weiblichen Physikerinnen in Europa – 1905 bei Franz Exner über »Wärmeleitung in inhomogenen Körpern«. Danach gab sie ihrem zunehmenden Interesse für experimentelle Physik nach und begann sich im Wiener Theoretisch-Physikalischen Institut mit Radioaktivität zu beschäftigen. Nach einem Besuch von Max Planck am Wiener Institut, aufgrund dessen sie erstmals mit der Quantenphysik in Berührung kam, beschloß Lise Meitner, bei dem Quantentheoretiker in Berlin weiterzustudieren.

Der Beginn des 20. Jahrhunderts erlebte eine Revolution der Naturwissenschaften und damit des gesamten Weltbildes. Äußerst verknappt gesagt, wurde das mechanistische Weltbild mit seinen Regeln und Vorhersehbarkeiten durch ein dynamisches Modell abgelöst. Henri Becquerel und die Curies entdeckten die Radioaktivität, Ernest Rutherford trieb sie durch die Messung der Strahlungen, die das Uran aussendet, ein wesentliches Stück voran. Max Plancks Quantentheorie besagt, daß, wie Lise Meitner es nannte, »ein Atom Strahlung nicht auf kontinuierliche Weise aufnehmen oder aussenden kann, sondern dies in ganz bestimmten und diskreten Quanten tun muß«.[3] Niels Bohr perfektionierte das Atommodell, und Albert Einstein entwickelte seine Theorie über die Relativität von Raum und Zeit. Die Welt war in Bewegung, und das in jedem Sinne.

Lise Meitner gliederte sich in diese Welt in Bewegung ein, von der sie während ihres Studiums in Wien nicht sehr viel gehört hatte. 1907 ging sie für ein Jahr nach Berlin, wo sie dann bis 1938 blieb.

Sie erlebte dort zunächst gewisse Einschränkungen. Preußen war im Hinblick auf das Frauenstudium rückständiger als Österreich: Erst ab 1909 durften sich Frauen an Universitäten immatrikulieren, und die meisten Universitätsprofessoren ließen keinen Zweifel an ihren Ansichten über dieses Thema. So antwortet Max Planck auf eine Umfrage von Arthur Kirchhoff 1897: »Wenn eine Frau, was nicht häufig, aber doch bisweilen vorkommt, für die Aufgaben der theoretischen Physik besondere Begabung besitzt und außerdem den Trieb in sich fühlt, ihr Talent zur Entfaltung zu bringen, so halte ich es, in persönlicher wie auch in sachlicher Hinsicht, für unrecht, ihr aus prinzipiellen Rücksichten die Mittel zum Studium von vornherein zu versagen; ich werde ihr gern, *soweit es überhaupt mit der akademischen Ordnung verträglich ist, den probeweisen und stets widerruflichen* Zutritt zu meinen Vorlesungen und Übungen gestatten, und habe in dieser Beziehung auch bis jetzt nur gute Erfahrungen gemacht. Andererseits muß ich aber daran festhalten, dass ein solcher Fall immer nur als *Ausnahme* betrachtet werden kann (...); im allgemeinen aber kann man nicht stark genug betonen, daß die Natur selbst der Frau ihren Beruf als Mutter und als Hausfrau vorge-schrieben hat, und daß Naturgesetze unter keinen Umständen ohne schwere Schädigungen, welche sich im vorliegenden Falle besonders an dem nachwachsenden Geschlecht zeigen würden, ignoriert werden können.«[4]

Meitner gehörte zu den Ausnahmen, die Planck ak-zeptieren konnte, ja, sie wurde von ihm nicht nur sehr rasch in seinen engeren Kreis – nicht zuletzt in das regel-mäßig stattfindende Kolloquium – aufgenommen, son-dern 1912 schließlich sogar zur Assistentin ernannt.

1907 begann die drei Jahrzehnte während Zusam-menarbeit Meitners mit Otto Hahn. Als sie nämlich nach einer Möglichkeit suchte, neben der Beschäftigung mit theoretischer Physik auch experimentell zu arbeiten, wurde sie Otto Hahn vorgestellt. Dieser war frisch ha-bilitiert, hatte einen Forschungsaufenthalt bei Ernest

Rutherford hinter sich und suchte, selbst Chemiker, einen Physiker zur gemeinsamen Arbeit auf dem Gebiet der Radiochemie. Meitner und Hahn wurde sich einig und hatten nun das Problem des Arbeitsraums zu lösen. Der Leiter des Instituts für Chemie, Emil Fischer, verbot Frauen den Zutritt zu den Institutsräumen. Er ließ sich aber auf einen Kompromiß ein: Die beiden durften in einer ehemaligen Holzwerkstatt mit einem eigenen Eingang im Souterrain ihr Laboratorium einrichten; Lise Meitner war es aber untersagt, die Institutsräume zu betreten – eine Regelung, die binnen Jahresfrist aufgehoben wurde, als ihre Qualifikationen und ihre Kooperationsfähigkeit offensichtlich geworden waren. Lise Meitner hatte sich über die Einschränkungen – die wir heute Diskriminierungen nennen würden – nie beschwert, es scheint, als sei es ihr tatsächlich stets nur um die Arbeit als solche gegangen. So arbeitete sie auch unentgeltlich bis 1912, als sie Plancks Assistentin wurde und dann mit Hahn zunächst als Gast, dann aber als reguläres wissenschaftliches Mitglied an das neugegründete Kaiser-Wilhelm-Institut für Chemie wechselte. Ein Stellenangebot aus Prag hatte ihr eine gute Verhandlungsbasis gegeben, um ein Gehalt für ihre Arbeit zu fordern. Während sie sich freute, wissenschaftliches Mitglied zu sein, wurde Otto Hahn Abteilungsleiter – die Geschlechterhierarchie war noch klar in Kraft, aber Lise Meitner baute ihren Ausnahmestatus immer weiter aus. Als Ausnahme wurde sie gesehen und sah sie sich zumindest damals selbst noch; außerdem lag es ihr fern, allgemeine politische Forderungen zur Gleichstellung von Frauen zu stellen. 1922 habilitierte sie sich, 1926 wurde sie zum außerordentlichen Professor ernannt (es wurde die männliche Form des Titels verwendet). Während des Krieges hatte sie sich als Röntgenschwester verpflichtet, Hahn diente derweil in der Einheit, die für die Giftgasangriffe verantwortlich war.[5] In den dienstfreien Zeiten hatten die beiden ihre Aufenthalte in Berlin so koordiniert, daß sie ihre Forschung weiterbetreiben konnten. 1917 waren sie dann nach Berlin zurückgekehrt, in dieses Jahr fällt die Entdeckung des Proactiniums, eines neuen radioaktiven Elements.

Die 1920er Jahre waren eine aufregende Zeit auch in der Wissenschaft; die Quantenmechanik wurde zum dominanten Paradigma. Man muß sich nur die Liste der Nobelpreisträger ansehen, um zu ermessen, was sich auf dem Gebiet der Naturwissenschaften tat: 1918 Max Planck, 1921 Einstein, 1922 Niels Bohr. 1923 wurde Hahn allein, 1924 zusammen mit Lise Meitner für den Nobelpreis vorgeschlagen, 1936 schlug Max Planck sie wieder vor. Sie bekamen den Nobelpreis nicht, dafür aber eine Reihe anderer einschlägiger Preise und Ehrungen. Mittlerweile arbeiteten beide in unterschiedlichen Abteilungen (für Chemie beziehungsweise Physik) und nicht mehr unmittelbar zusammen, aber sie fuhren fort, sich über ihre Arbeit auszutauschen und über die Institutsgrenzen hinweg zusammenzuarbeiten.

1933 wurde Lise Meitner als Jüdin im Gefolge der Machtergreifung Hitlers die Lehrbefugnis entzogen. Sie durfte fortan die Universität nicht mehr betreten, keine Vorträge außerhalb der Universität mehr halten und nicht mehr an den Kolloquien teilnehmen, so daß Otto Hahn die gemeinsamen Ergebnisse allein vertrat, was er nicht gern tat.[6] Lise Meitner wurde zunehmend isoliert. Aber sie arbeitete unverdrossen weiter, hoffte, daß die Dinge sich wieder ändern würden, und begann 1934 erneut eine enge Zusammenarbeit mit Otto Hahn, zu der dann auch Fritz Strassmann kam. Noch immer glaubte Lise Meitner, wie so viele, daß sie nicht wirklich gefährdet sei und sich das Nazi-Regime nicht längerfristig etablieren könne. Der folgenschwere Irrtum wurde offenbar, als sie nach dem Anschluß Österreichs 1938 zur Reichsdeutschen geworden war, auf die die Judengesetze in voller Schärfe anwendbar waren. Die Restriktionen wurden immer brutaler, die Arbeit war nur noch mit Mühe fortzusetzen, und die Bedrohung für ihr Leben wuchs von Tag zu Tag. Meitners Kollegen und Freunde aus dem In- und Ausland versuchten immer wieder, sie zur Ausreise zu bewegen, vergeblich. Schließlich wurde die Situation so gefährlich, daß sie das Land mit Hilfe von Kollegen illegal verließ (ein Ausreiseantrag war abgelehnt worden) und sich über die Niederlande und Dänemark nach Schweden absetzte. In Stockholm bekam sie eine sehr bescheidene Stelle und wurde als Assistentin bezahlt – Position und Bezahlung lagen weit unterhalb dessen, was die weithin berühmte Professorin der Physik trotz ihres Geschlechts in Berlin mittlerweile erreicht hatte. Schlimm war für Meitner wohl vor allem, daß sie im entscheidenden Moment ihre Forschungen mit Hahn in Berlin hatte abbrechen müssen und daß die Ausstattung des Instituts in Stockholm so schlecht war, daß sie ihre Arbeiten kaum fortsetzen konnte. Briefe aus der Zeit legen Zeugnis ab von ihrer Reaktion auf die Lage, in der sie leben mußte: »Ich komme mir wie eine aufgezogene Puppe vor, die automatisch Dinge tut, freundlich dazu lächelt und kein wirkliches Leben in sich hat. Danach kannst Du beurteilen, wie wertvoll meine Tätigkeit ist. Und doch bin ich letzten Endes dankbar für sie, weil sie mich zwingt, meine Gedanken beisammen zu halten.«[7]

Fern von ihr, in Berlin, führte Otto Hahn zusammen mit Fritz Strassmann die begonnenen Untersuchungen mit dem Neutronenbeschuß des Urans weiter. Und um die Jahreswende 1938/39 erfolgte die Sensation: Der Atomkern Uran zerplatzt unter dem Beschuß mit Neutronen in zwei Teile, Barium und Kryptium. Otto Hahn hatte zusammen mit Fritz Strassmann die Atomkernspaltung entdeckt, »Schlußpunkt langjähriger Untersuchungen (...), zu denen im Herbst 1934 LISE MEITNER ihn hatte überreden können und die in der Folgezeit gemeinsam von OTTO HAHN, FRITZ STRASSMANN und ihr am Kaiser-Wilhelm-Institut für Chemie durchgeführt worden waren«.[8] Schon Anfang Januar 1939 erschien Hahns und Strassmanns erster, am 22. Dezember eingereichter Aufsatz zu dem Thema in »Die Naturwissenschaften«, der teilweise noch mit falschen Schlußfolgerungen argumentiert. Lise Meitner hatte auf dem Briefweg als erste von dem Ergebnis erfahren, das sie ebenso wie Hahn zwang, einige ihrer früheren Thesen zu revidieren, und sie machte sich sofort daran, gemeinsam mit ihrem Neffen Otto Robert Frisch die physikalische Bestätigung der chemischen Analysen und Messungen auszuarbeiten.[9] Am 8. Januar schlossen sie ihren Artikel zum Thema ab, der am 11. Februar in »Nature« erschien. Die brieflichen und zum Teil telefonischen Diskussionen liegen allen Artikeln der beteiligten Wissenschaftler zugrunde, so daß man auch in diesem Stadium von einer engen Zusammenarbeit sprechen kann, wie Fritz Krafft betont. Lise Meitner lebte zwar weit entfernt, aber sie war involviert. Die Briefe gingen teilweise mit einer überraschenden Geschwindigkeit hin und her, und beide Seiten hielten sich ohne allzu großen Zeitverzug gegenseitig auf dem laufenden beziehungsweise diskutierten ihre Überlegungen, die solcherart in der Tat zu gemeinsamen Überlegungen wurden.

Die internationale Resonanz auf die neue Entdeckung war riesig: Im Frühjahr 1939 erschienen um die fünfzehn Arbeiten zum Thema, »Ende 1939 listet eine Bibliographie zur Kernspaltung schon mehr als hundert Aufsätze zu diesem und damit verwandten Themen auf«.[10] Man begann sich zu Recht Sorgen wegen der Gefahren zu machen, die die Atomkernspaltung birgt. Die Gefahr der Kettenreaktion und damit die Möglichkeit, eine mächtige Bombe zu produzieren, wurde immer plausibler und angesichts des beginnenden Krieges immer bedrohlicher. Lise Meitner machte sich darüber offenbar noch wenige Gedanken, sie beschäftigte sich weiter mit der physikalischen Deutung der Kernprozesse, während Hahn seine radiochemischen Klärungsversuche fortsetzte. Lise Meitners Neffe Robert Frisch war mittlerweile in England und arbeitete mit seinem Kollegen Peierl in Birmingham an dem Thema. Es gelang ihnen nachzuweisen, »daß eine Kettenreaktion möglich sei«.[11] Die internationale atomare Forschung ging unaufhaltsam weiter: Der erste Kernreaktor wurde von Enrico Fermi 1942 gebaut, in dem die erste Kettenreaktion ablief. In Los Alamos gelang einem internationalen Team die Entwicklung der bis dahin schlimmsten Waffe überhaupt, und am 6. August 1945 warfen die Amerikaner die Atombombe über Hiroshima ab.

Lise Meitner war entsetzt über die Folgen, die ihre Arbeit hatte. Sie distanzierte sich von der Bombe, verfolgte weiter die Hoffnung auf eine friedliche Nutzung der Kernenergie und trennte scharf zwischen der Grundlagenforschung, die Wissen schafft, und den Technikern, die die Ergebnisse für ihre Zwecke einsetzen.

Für die Entdeckung der Kernspaltung wurde Otto Hahn gemeinsam mit Fritz Strassmann 1946 der Nobelpreis für Chemie des Jahres 1944 verliehen. Lise Meitner war bitter enttäuscht. Diese Mißachtung war paradigmatisch für die Position, die sie in den Augen der Öffentlichkeit einnahm. Das schlägt sich auch darin nieder, daß sie in einem Bericht der Max-Planck-Gesellschaft Anfang der 1950er Jahre oder auch in Veröffentlichungen Werner Heisenbergs als »langjährige Mitarbeiterin« Otto Hahns bezeichnet wurde – ein Schlag ins Gesicht der Frau, die – wie sie an Otto Hahn schreibt – die Physikalische Abteilung des Kaiser-Wilhelm-Instituts für Physik aufgebaut und 21 Jahre lang geleitet hatte.[12] »Was würdest Du dazu sagen«, fragt sie weiter, »wenn Du auch charakterisiert würdest als der langjährige Mitarbeiter von mir?« Fritz Krafft erklärt, da ihre Leistungen bei ihren Zeitgenossen unbestritten gewesen seien, müßten »andere, wissenschaftssoziologische, -psychologische und -propagandistische Ursachen für den Verfall ihres wissenschaftlichen Ansehens (zugunsten desjenigen von Otto Hahn) verantwortlich gewesen sein«.[13] Zweifellos ist die doppelte Benachteiligung Meitners als Frau in der Naturwissenschaft und als Jüdin im Faschismus ein gewichtiger Faktor in diesem Prozeß gewesen.

Lise Meitner setzte sich nach dem Krieg immer wieder mit dem Verhalten der Deutschen auseinander. Den Ruf auf eine Professur an der Universität Mainz lehnte sie ab. Otto Hahn erklärte sie 1948, es sei ein moralisches Unrecht gewesen, Deutschland nicht schon 1933 verlassen zu haben, »denn letzten Endes habe ich durch mein Bleiben doch den Hitlerismus unterstützt«. Und in einem beeindruckenden Brief – der ihn nicht erreichte – schrieb sie 1945 an Hahn: »Das ist ja das Unglück von Deutschland, daß Ihr alle den Maßstab für Recht und Fairness verloren hattet. (...) Ihr habt auch alle für Nazi-Deutschland gearbeitet und habt auch nie nur einen passiven Widerstand zu machen versucht. Gewiß, um Euer Gewissen los zu kaufen, habt Ihr hier und da einem bedrängten Menschen geholfen, aber Millionen unschuldiger Menschen hinmorden lassen, und keinerlei Protest wurde laut. – Ich muß Dir das schreiben, denn es hängt so viel für Euch und Deutschland davon ab, daß Ihr einseht, was Ihr habt geschehen lassen.«[14]

1946 wurde Lise Meitner in die Schwedische Akademie der Wissenschaften gewählt, später nahm sie die schwedische Staatsbürgerschaft an. 1946 reiste sie für etliche Monate in die USA, um eine Gastprofessur an der Universität Washington wahrzunehmen und Vorträge an zahlreichen anderen Universitäten zu halten. Mittlerweile äußerte sie sich öffentlich und programmatisch über die Rolle von Frauen in den Wissenschaften. Viele Preise wurden ihr im Laufe der Jahre verliehen. Deutschland besuchte sie zum ersten Mal wieder im Jahre 1949. 1953 ging sie in den Ruhestand, 1968 starb sie in Cambridge, wohin sie 1960 übersiedelt war.

DIE TOCHTER
ALS WISSENSCHAFTLERIN:

Anna Freud
(1895–1982)

»Meine Antigone« nennt Sigmund Freud in einem Brief seine Tochter Anna. Antigone ist in der griechischen Mythologie die Tochter des Ödipus und der Iokaste – die sowohl die Mutter auch die Ehefrau des Ödipus war. Eine Frucht der inzestuösen Verbindung ist Antigone. Ödipus blendete sich, nachdem er herausgefunden hatte, daß er unwissentlich seinen Vater erschlagen, seine Mutter geheiratet und mit ihr Kinder gezeugt hatte. Iokaste erhängte sich, als die furchtbare Tat ruchbar wurde. Antigone begleitet ihren blinden Vater in die Fremde und umsorgt ihn bis zu seinem Tod.[1] Später folgt sie »dem Gesetz der Menschlichkeit«, als sie ihren Bruder Polyneikes entgegen dem Gebot des Königs Kreon beerdigt: Sie wird gefangengenommen und erhängt sich ebenso wie ihre Mutter. Kreons Sohn, ihr Verlobter Haimon, tötet sich daraufhin, und dessen Mutter begeht ebenfalls Selbstmord.

Sigmund Freud sieht wohl keine Analogie seiner familiären Situation zu dieser durch und durch schrecklichen Familiengeschichte aus der griechischen Tragödie, wenn er seine jüngste Tochter Anna seine Antigone nennt – jedenfalls vordergründig nicht. Was Freud meint, ist vielmehr ein einzelner Ausschnitt aus der komplexen antiken Überlieferung, nämlich die Tochter-Vater-Beziehung, konkret: die lebenslängliche Sorge der Tochter für den Vater. Beide Töchter begleiten ihre körperlich behinderten Väter – der eine, Ödipus, ist blind, der andere, Freud, schwer krebskrank – ins Exil. Freud war zum Zeitpunkt der Emigration aus dem nazibesetzten Wien nach London im Jahr 1938 schon sehr alt, er starb ein Jahr später an dem Krebsleiden, das ihn sechzehn Jahre gequält hatte und während dessen ihn seine Tochter unverdrossen begleitet und gepflegt hatte. Anna Freud verließ, anders als seine (leiblichen und beruflichen) Söhne, ihren Vater niemals; ihre Biographin Elisabeth Young-Brühl spricht ganz offen von einer ödipalen Vater-Tochter-Bindung.

Mit ihrer Freundin Dorothy Burlingham, die das Exil teilte, und zeitweise auch deren Kindern lebte Anna Freud unter dem Dach ihres Vaters. Sie sorgte zeitlebens für ihn, ja beschützte ihn in gewissem Sinne, so wie Antigone ihren blinden Vater in der Wildnis schützt. Und wie Antigone hält sie gegen alle Widersacher zu ihm. Im Falle der Freuds sind diese Widersacher weniger die Götter (oder das Schicksal) als die beruflichen Gegner: Anna Freud hat immer die Position ihres Vaters vertreten, sie wurde seine Stellvertreterin, solange er lebte, und seine Erbin nach seinem Tod. Zwar gab es auch eine Mutter, und diese lebte länger als ihr Mann, sie starb erst 1951. Aber in den biographischen Schriften, die sich mit Sigmund oder Anna Freud befassen, spielt sie nur eine untergeordnete Rolle. Sie scheint ihre Rolle als Ehefrau immer mehr an die Tochter abgetreten zu haben – so wirkt es zumindest von außen betrachtet. Vielleicht ist sie ihr auch abgenommen worden.

In Sigmund Freuds Theorie ist für Frauen kaum eine andere Position als die der Mutter oder der Tochter vorgesehen. Als Ehefrau spielen sie nur eine geringe Rolle, und als Mutter sind sie vor allem für die Knaben wichtig, solange diese klein sind. Hier haben wir die zweite, wichtigere Rolle, die Freud in seiner Theorie für Ödipus vorsah: Er ist vor allem der Sohn, der die Mutter begehrt und aus Rivalität den Vater tötet oder doch töten will. Später erkannte Freud, daß die Mütter auch für ihre kleinen Töchter wichtig sind, aber vor allem in der Funktion einer Rivalin um die Gunst des Vaters. Freuds Psychoanalyse ist eine patriarchale Wissenschaft, in deren Zentrum Väter und Söhne stehen. Erst an zweiter Stelle folgen die Mütter und die Töchter und deren Verhältnis zu den Vätern: Töchter lieben ihre Väter und verachten ihre Mutter; sie sind solidarisch mit den Vätern und Rivalinnen der Mütter. Und so kann man die Beziehung von Anna und Sigmund Freud als geradezu idealtypische Realisierung der Freudschen Theorie vom Tochter-Vater-Verhältnis lesen – oder umgekehrt: in ihr einen Anlaß für die Ausbildung der Freudschen Theorie sehen.

Anna Freud hat ihre Tochterrolle niemals verlassen, noch nicht einmal in ihrer Arbeit. Denn sie ergriff nicht nur den Beruf ihres Vaters, sie wurde auch von ihm ausgebildet und unterzog sich einer Analyse bei ihm, bevor sie 1923 eine eigene Praxis eröffnete. Zwar paßt ihre Berufstätigkeit eigentlich nicht recht in das Frauen- (Tochter-)Bild Freuds, der Frauen eher in der traditionell passiven Rolle der Hausfrau und Mutter sehen wollte. Trotz seiner fruchtbaren Zusammenarbeit mit etlichen starken Frauen wie Lou Andreas-Salomé oder eben seiner Tochter, die seine Ansichten zweifellos relativieren mußte gestand er Frauen in seiner Theorie aufgrund ihrer spezifischen Entwicklung (das heißt aufgrund »psychischer Folgen des anatomischen Geschlechtsunterschieds«, um Freuds Formulierung zu benutzen) nur geringe intellektuelle Leistungsfähigkeit zu. Die Tatsache, daß die Tochter ausgerechnet den Beruf ihres Vaters ergriff, hätte sie zu seiner Konkurrentin machen können (womit sie ihn in der Terminologie seiner Theorie mit Kastration bedroht hätte). Das hätte vielleicht einem Sohn, nicht jedoch einer wohlgeratenen Tochter angestanden. Diese Tochter bedrohte ihn aber nicht, wohl weil sie sich immer im Schatten hielt und nie die Vorrangstellung beanspruchte, wie ein Sohn es getan hätte – ebenfalls seiner eigenen Theorie nach und außerdem entsprechend den realen Erfahrungen, die Freud mit seinen Schülern und designierten Nachfolgern, seinen geistigen Söhnen, machte.

So trat sie in seine Fußstapfen und führte seine Arbeit fort, sorgte anstelle der »Söhne« für deren Fortleben auch nach dem Tode des Meisters/Vaters und erwies sich schließlich als seine einzige Erbin. Das gab ihr eine einzigartige Position nicht nur im Leben des Vaters. Einen neuen Erben oder wenigstens eine Erbin brauchte Freud dringend, nachdem seine selbstgewählten Kronprinzen, unter anderem C. G. Jung, ihn verlassen hatten. Diese geistigen Söhne drohten immer wieder, sein Werk zu zerstören, ganz in Übereinstimmung mit Freuds Theorie des Vatermords, die er in »Totem und Tabu« dargelegt hatte; Anna führte es hingegen fort. Und selbst wenn die Tochter die Forschungen des Vaters modifizierte, dann geschah es unmerklich-solidarisch und in keiner Weise bedrohlich. Diese Tochter war keine Revolutionärin und auch keine Vatermörderin, weder im tatsächlichen noch im übertragenen Sinne; sie blieb dem Gesetz des Vaters verhaftet. Auch ihre Arbeit zehrte von ihrem persönlichen Gefühl für ihren Vater: »In den psychischen Geschichten, die Anna Freud erzählte, war der Vater die wichtigste Person«, schreibt ihre Biographin Young-Brühl über die Analysen, die Anna Freud mit ihren eigenen Patienten und Patientinnen durchführte.[2] Innerhalb dieses – im wörtlichen Sinne patriarchalen – Rahmens aber wurde sie zu einer eigenständigen und weithin anerkannten Kindertherapeutin, die diese Wissenschaft maßgeblich vorangetrieben hat.

Wilhelm Salber betont, Anna Freud sei nicht nur »des Vaters Tochter« gewesen. Das stimmt zweifellos, und doch ist ihr ganzer Lebensentwurf der einer töchterlichen Existenz. Die Abhängigkeit ist gegenseitig; der Vater braucht die Tochter mindestens so sehr wie sie ihn. Denn wenn die Väter auch die Macht haben, so müssen sie doch auch in dieser Macht bestätigt werden, weil sie ihrer sonst verlustig gingen, betont Christa Rohde-Dachser in ihrem Buch »Der dunkle Kontinent«, in dem sie die patriarchalen Strukturen der Psychoanalyse analysiert. Sie verweist auf die komplementären Phantasien von Männern und Frauen, die diese Struktur aufrechterhalten, vielleicht modifizieren, aber immer wieder neu festschreiben. Die Tochter versichert den Vater innerhalb dieser Struktur unablässig seiner idealen Qualitäten; sie wird zur Trägerin des männlichen Ich-Ideals – und dadurch bestätigt sie wiederum den theoretischen Weiblichkeitsentwurf ihres Vaters. »Männliche und weibliche Phantasie verhalten sich an dieser Stelle offensichtlich komplementär. Es scheint, als ob das Unbewußte der Tochter (Frau) den ihr vom Vater (Mann) angetragenen Weiblichkeitsentwurf intuitiv erfasse, um sich mit ihm so zu identifizieren, als wäre die Unangefochtenheit der Position des Vaters und die Sicherung seiner Integrität auch ihre Überlebensgarantie.«[3]

Anna Freud wurde 1895 als sechstes und letztes Kind der Freuds geboren; sie hatte eigentlich ein Junge werden sollen. Sie soll ein »schlimmes Kind« gewesen sein, sich aber irgendwann schlagartig in ein braves Mädchen verwandelt haben. Ihr wurde die übliche Erziehung einer Tochter aus gutem Hause zuteil; sie besuchte das Gymnasium, bestand 1911 die Matura und absolvierte anschließend eine Ausbildung zur Lehrerin. Das war mittlerweile ein Frauenberuf geworden. Im 19. Jahrhundert waren Gouvernanten für die häusliche Erziehung der Kinder zuständig gewesen. Lehrer an öffentlichen oder privaten Schulen, jedenfalls außerhalb der Privathäuser, waren bis ins 20. Jahrhundert hinein vorwiegend Männer. Die Beschäftigung mit Kindern galt aber als typisch weibliche Betätigung, und je mehr der Lehrerberuf zum Erzieherberuf wurde, der nicht in erster Linie Fachwissen vermittelte, desto größer wurden die Chancen von Frauen, darin Fuß zu fassen. Der Weg war ja schon von den Gouvernanten gebahnt, die zwar nicht den Rang einer Hauslehrerin besaßen, aber dennoch eine Zwischenposition zwischen Dienstbotin, Erzieherin und der Vermittlerin von Fachwissen hatten. Die Ausbildung zur Lehrerin erforderte kein langes und akademisches Universitätsstudium, sondern nur den dreijährigen Besuch einer Lehrerinnenbildungsanstalt. Wenn die junge Lehrerin nicht in ihrem Beruf arbeitete, dann war ihre Ausbildung jedenfalls nicht vergeudet, weil sie sie ja auf ihre eigenen Kinder anwenden konnte.

Die Familie Freud reiste, wie alle gut- oder großbürgerlichen Familien der Jahrhundertwende, viel, unter anderem jedes Jahr für einige Wochen in die Sommerfrische. 1912 fuhr Freud mit seiner Tochter nach Italien, nachdem diese wegen ihrer angegriffenen Gesundheit fünf Monate zur Erholung von der Schule in Meran verbracht hatte. Für das Verhältnis zwischen Vater und Tochter war das gewiß eine wichtige Erfahrung, denn wann hatten diese beiden jemals soviel Zeit miteinander?

Möglicherweise wurde hier der Keim für Anna Freuds späteres berufliches Interesse an der Psychoanalyse gelegt. Aber zunächst schloß sie ihre Lehrerinnenausbildung ab und trat anschließend eine Reise nach England an. Der Ausbruch des Ersten Weltkrieges zwang sie zur verfrühten Rückkehr nach Wien. Ihre Schwestern waren mittlerweile verheiratet, ihre Brüder im Krieg; Anna Freud war nun das einzige – wenn auch erwachsene – Kind im Haus, wie Wilhelm Salber betont, und das blieb sie auch.

Fünf Jahre lang arbeitete sie in ihrem Beruf. Währenddessen fing sie an, Vorlesungen bei ihrem Vater zu hören – und sie begann die Analyse bei ihm. Was heute undenkbar wäre, war damals, in den Anfängen der Psychoanalyse, noch möglich: daß ein Vater seine eigene Tochter analysiert. So wie Freud Selbstbeobachtungen zur Grundlage seiner Theorie machte – die »Traumdeutung« kann man als ein sehr persönliches Buch lesen, in dem nicht nur der Weg der noch jungen Psychoanalyse von der Einzelbeobachtung zu verallgemeinerbaren Erkenntnissen zu verfolgen ist, sondern das auch viel über Freud selbst sagt, legte er doch in Ermangelung anderen Materials seine eigenen Träume seinen Deutungen und Theoriebildungen zugrunde –, so konnte er auch seine Familienmitglieder oder Freunde analysieren, ohne das Gefühl der allzu subjektiven Voreingenommenheit zu haben. Ganz ohne Befangenheit wird es zwar kaum abgegangen sein, aber Freud (und zweifellos auch seine Tochter) war so überzeugt von der Wissenschaftlichkeit, das heißt von der Objektivität seiner Methode, daß er die Ergebnisse zunächst nicht in Frage gestellt haben dürfte.

Wie Anna Freud diese erste Analyse empfand, wissen wir nicht. Als in den 1920er Jahren die Analyse fortgesetzt wurde, war das Problembewußtsein bei beiden jedoch schon erheblich größer: Das Verhältnis zwischen ihnen war zu eng. Vor allem aber fehlte jene Figur, die für das Funktionieren der Analyse unerläßlich ist: ein neutraler Analytiker, auf den sich die unterschiedlichen Gefühle der Patientin projizieren, im Fachjargon: übertragen, lassen. Anna Freud wird schwerlich irgendwelche Probleme mit ihrem Vater in der Analyse bei ihrem Vater auf die klassische Weise gelöst haben, denn sie hatte ja immer ihren realen Vater vor sich und keine Chance, imaginär mit diesem umzugehen und – zum Beispiel – negative Gefühle auszuleben. Das Entscheidende an der Psychoanalyse ist ja gerade nicht die reale Auseinandersetzung mit realen Personen, also in der Regel einem der Eltern, sondern die Übertragung der problematischen Gefühle und Konflikte auf eine andere Person, die als Projektionsfläche fungiert. Mittels dieses Prozesses können Phantasien ausgelebt und erkannt, Probleme neu durchlebt und gelöst werden. Die intellektuelle Erkenntnis allein garantiert noch nicht den Erfolg der Therapie. Für diese Übertragung muß, so weiß man heute, ein Therapeut oder eine Therapeutin zur Verfügung stehen, die der Patientin/dem Patienten nicht oder wenig als Privatperson bekannt ist und sich gerade deswegen als Projektionsfläche eignet und unterschiedliche Rollen übernehmen kann. Freilich sind das Behandlungstechniken, die damals erst entwickkelt wurden.

Anna Freud setzte sich natürlich mit der Frage der Übertragung als Kernstück der Psychoanalyse auseinander, ohne sich in diesem Zusammenhang selbst ins Spiel zu bringen. In der »Einführung in die Psychoanalyse« (1922–1935) arbeitet sie die Unterschiede in der Analyse von Erwachsenen und Kindern heraus. Ein großes Problem, das sich hier ergebe, sei, daß Kinder keine Übertragungsneurose entwickeln. »Der erwachsene Neurotiker verwandelt im Laufe der analytischen Behandlung allmählich die Symptome, um derentwillen er die Kur aufgesucht hat. Er gibt die alten Objekte auf, an denen seine Phantasien bisher festgehalten haben, und zentriert seine Neurosen neu um die Person des Analytikers. Wir sagen, er ersetzt seine bisherigen Symptome durch Übertragungssymptome, führt seine bisherige Neurose, welcher Art sie auch war, in eine Übertragungsneurose über und spielt nun im Verhältnis zu der neuen Übertragungsperson, zum Analytiker, alle seine abnormen Reaktionen ab. Auf diesem neuen Boden, auf dem der Analytiker sich heimisch fühlt, auf dem er die Entstehung und das Wachsen der einzelnen Symptome gemeinsam mit dem Patienten verfolgen konnte, auf diesem gereinigten Operationsfeld also, geht dann der Endkampf, die allmähliche Einsicht in die Krankheit und die Aufdeckung der unbewußten Inhalte vor sich.«[4]

Beim Kind funktioniere das nicht. Es habe seine ursprünglichen Liebesobjekte, die Eltern, noch nicht verloren, sondern es lebe noch mit ihnen und setze sich täglich mit ihnen auseinander; es brauche dazu also eigentlich keinen Analytiker. Außerdem spiele der Analytiker für kindliche Patienten eine andere Rolle als für erwachsene. Erwachsenen gegenüber bleibe er ein Schatten, eine leere Leinwand; das gehört zu den Bedingungen der Möglichkeit des Funktionierens einer Analyse. Kindern gegenüber könne er jedoch kein Schatten sein, sondern müsse sich als lebendige und greifbare Persönlichkeit ins Spiel bringen, was der Übertragung hinderlich sei: »Die Schwierigkeit, die hier entsteht, ist die gleiche (…), wie wenn wir auf der Leinwand, auf die das Bild projiziert werden soll, schon ein Gemälde aufgetragen finden. Je reichhaltiger und farbenschöner es ist, desto mehr wird es dazu beitragen, daß sich die Linien des Daraufgeworfenen verwischen.«[5]

Auf der Leinwand, mit der Anna Freud in ihrer eigenen Analyse konfrontiert war, war schon ein außerordentlich komplexes Gemälde aufgetragen – nämlich ihr Vater, der außerdem der Begründer der Psychoanalyse war und mithin als Übervater schlechthin gelten konnte. Wo blieb da Raum für eine eigenständige Tochter? Sie hatte in ihrer eigenen Lehranalyse, obwohl sie da schon erwachsen war, genau die Rolle des Kindes gegenüber dem Analytiker eingenommen, die sie später beschreibt. Erst als sie selbst andere analysiert, kann sie die Rolle der Erwachsenen übernehmen, die jedoch aus ihrer Tochterrolle unmittelbar hervorgegangen ist und sich per definitionem nur daraus ergeben kann: Sigmund Freud hatte seine erwachsene Therapeutenrolle gewissermaßen ex nihilo geschaffen; seine Selbstanalyse führte zur Theoriebildung, die für alle späteren verbindlich wurde. Er ist und bleibt für Anna Freud eben auch wissenschaftlich der Vater. Es ist im übrigen vorstellbar (aber das ist reine Spekulation), daß die unglaublich intime Analysesituation zwischen Vater und Tochter verhindert hat, daß die Tochter je negative Gefühle für ihren Vater zuließ, ja, daß die Therapie im Gegenteil die Intimität zwischen ihnen vertiefte und so das ödipale Verhältnis verstärkte und dauerhaft machte, statt es aufzulösen.

Sigmund Freud soll die Analyse einer Tochter für weniger problematisch gehalten haben als die eines Sohnes, wie Young-Brühl schreibt. Das spiegelt nicht nur seine grundsätzliche Höherbewertung des Männlichen wider, sondern auch seine Auffassung vom Verhältnis der Töchter zu den Vätern. Freud hatte als Mediziner begonnen, sich aber bald auf die Psychiatrie verlegt. Seine ersten Patienten waren Patientinnen, hysterische Frauen. Hysterie war eine weitverbreitete Frauenkrankheit des 19. Jahrhunderts, die von der feministischen und der Gender-Forschung des 20. Jahrhunderts auf die restriktive Behandlung der bürgerlichen Frauen des 19. Jahrhunderts (einschließlich der Unterdrückung ihrer Sexualität) zurückgeführt worden ist. Freud fand eine Therapie gegen die Hysterie, die »talking cure«. Er brachte seine Patientinnen zum Reden und dazu, sich immer weiter in die Vergangenheit zu vertiefen, was dazu führte, daß sie, ohne es eigentlich zu wollen, vergessene (=verdrängte) Erinnerungen wiederfanden, die er dann als Ursache ihrer Krankheit identifizierte. Diese Ursachen waren meist sexueller Natur – tatsächlich erlebte sexuelle Traumata oder, wie Freud später meinte, phantasierte sexuelle Übergriffe seitens Erwachsener. Letzteres ist zu Recht viel kritisiert worden, kann hier aber nicht Gegenstand sein. Festzuhalten ist jedoch Freuds bahnbrechende Entdeckung von der Bedeutung der Phantasie in allen psychischen Prozessen, die ebenso wichtig ist wie Fakten.

Freud »entdeckte« (oder behauptete) entgegen der Auffassung des 19. Jahrhunderts vom unschuldigen, asexuellen Kind, daß Kinder von Anfang an eine aktive Sexualität hätten, und er definierte diese beziehungsweise die Libido als prinzipiell männlich. Für alle Kinder sei die Mutter das erste Liebesobjekt. Für den Knaben entwickelt sich hieraus der Ödipuskomplex: Er begehrt seine Mutter und haßt seinen Vater, den er als Rivalen am liebsten aus dem Weg räumen möchte (und das in Freuds späteren kulturkritischen Schriften auch tut). Der Schock tritt ein, wenn er entdeckt, daß Mädchen keinen

Penis haben. Der Knabe entwickelt die Kastrationsangst, denn wenn manche Menschen keinen Penis haben, muß er ihnen weggenommen worden sein, was man ihm als Strafe auch zuweilen androht. Also hat, so folgert er, diese Drohung eine reale Grundlage. Der Knabe zieht Konsequenzen: Aus Angst, selbst kastriert zu werden, verzichtet er nun darauf, seine Mutter zu begehren (und ersetzt sie später durch andere Frauen); außerdem gibt er seinen Haß auf seinen Vater auf und identifiziert sich fortan mit diesem, um nicht länger von ihm bedroht zu werden.

Für das Mädchen verläuft der Weg komplizierter. Das Mädchen ist entsetzt, wenn es bemerkt, daß es keinen Penis hat; es weiß sofort, daß ihm etwas fehlt, was es unbedingt haben möchte. Für diesen Mangel macht es seine Mutter verantwortlich, von der es sich mit Abscheu und vorwurfsvoll abwendet. Statt dessen wendet es sich dem Vater zu, der zum eigentlichen Liebesobjekt avanciert; das Mädchen würde ihn der Mutter gern ausspannen, um ihn ganz für sich zu haben. Dieses Konkurrenzverhalten hat in Freuds Auffassung einen tieferen Grund. Das weibliche Kind betrachtet seine Klitoris nicht mehr, wie ursprünglich, als kleinen Penis, sondern ignoriert sie fortan, um seine Vagina, in Freuds Augen das eigentliche weibliche Sexualorgan, zu entdecken. Die ist aber in seiner Perspektive dem Penis nicht ebenbürtig. Was bleibt, ist der Penisneid. Den befriedigt das Mädchen, indem es ihn in einen Peniswunsch umwandelt, den es auf den Vater (beziehungsweise später seinen Mann) richtet. Im heterosexuellen Geschlechtsakt erhält die Frau den Penis des Mannes, im Idealfall wird sie schwanger und findet im Kind (am liebsten einem »Knäblein«) den heißersehnten Penisersatz.

Das kleine Mädchen hat natürlich noch keinen Sexualverkehr, wünscht ihn aber, und zwar mit dem Vater. Sie will seinen Penis und ist eifersüchtig, daß er diesen der Mutter und nicht ihr gibt; es will, daß er ihr ein Kind macht und nicht der Mutter. Später wird es diese Wünsche auf andere Männer übertragen und ausleben. Der männliche Penis wird also Freuds Auffassung nach in der Phantasie des weiblichen Kindes zum einzig möglichen Ersatz für den eigenen fehlenden Penis. Das weibliche Wesen ist mithin charakterisiert durch Neid, Eifersucht, das klare Bewußtsein von Mangel und Minderwertigkeit, das sich durch nichts wirklich beheben läßt, sondern nur durch Ersatzlösungen, für die es wiederum unbedingt des Mannes/Vaters bedarf.

Das weibliche Kind muß also auf dem Weg zur erwachsenen Weiblichkeit zwei schmerzhafte Verschiebungen vollziehen: Es muß auf seine »ursprüngliche« Männlichkeit verzichten, indem es zum einen die klitorale, als »männlich« betrachtete Sexualität zugunsten der vaginalen Sexualität aufgibt, und es muß sein Liebesobjekt wechseln, das heißt dessen Geschlecht: Nicht mehr die Mutter soll es lieben (die wird es fortan als minderwertig verachten und als Rivalin bekämpfen), sondern den Vater.

Die Freudsche Geschlechtertheorie ist viel kritisiert worden, und das zu Recht. Sie setzt als absolute Wahrheit, was bestenfalls eine männliche Sicht auf eine historisch begrenzte patriarchale Familien- und Gesellschaftsstruktur ist. Freuds Theorie ist, vereinfacht gesagt, völlig um den Penis (also um den Mann und sein Geschlecht) zentriert. Der Penis ist das eine entscheidende Attribut, das die einen haben und zu verlieren fürchten, die anderen nicht haben und um jeden Preis haben wollen.

Geradezu zwangsläufig ergibt sich daraus, daß Mädchen beziehungsweise Frauen innerhalb dieser Theorie vollständig männerfixiert oder besser noch: vaterfixiert sind. Das erklärt, warum es in Freuds Psychoanalyse keinen Raum für *Frauen* gibt, sondern nur für Mütter oder Töchter; warum diese Bindung so unauflöslich und gleichzeitig so unkompliziert scheint und warum sie für den Mann so unbedrohlich ist: Bei der Tochter kann er sich sicher sein, daß sie ihn nicht kastrieren will oder kann; sie will zwar etwas von ihm, aber sie vergöttert ihn auch als den einzigen, der es ihr geben kann, und wird ihm deswegen nichts zuleide tun. Er ist *der* Mann in ihrem Leben, der zwar durch andere Männer ersetzt werden kann, ja sogar muß, aber die anderen nach ihm (der Ehemann) sind bloße Substitute und im Prinzip sogar austauschbar. Er hingegen wird seine zentrale Rolle nie verlieren. Deswegen braucht er seine Tochter mindestens so sehr wie sie ihn, denn sie ist sein Spiegel. Die Tochter lernt in ihrer Beziehung zum Vater, das Spiegelverhältnis für das einzig adäquate Geschlechterverhältnis zu halten, und wird das zeit ihres Lebens auch für andere Männer sein – und sein wollen, denn dadurch gewinnt sie ihre eigene Daseinsberechtigung.

Das ist eine Männerphantasie, und offensichtlich schildert sie ein Machtverhältnis als den natürlichen Zustand der Dinge – aber ein Machtverhältnis, durch das beide Seiten gewinnen und das man folglich nicht ohne weiteres als Täter-Opfer-Beziehung mit klar verteilten Rollen charakterisieren kann. Christa Rohde-Dachser analysiert diese Konstellation als eine von komplementären Phantasien hervorgebrachte und äußerst wirkungsmächtige: »Männliche und weibliche Phantasie verhalten sich an dieser Stelle offensichtlich komplementär. Es scheint, als ob das Unbewußte der Tochter (Frau) den ihr vom Vater (Mann) angetragenen Weiblichkeitsentwurf intuitiv erfasse, um sich mit ihm so zu identifizieren, als wäre die Unangefochtenheit der Position des Vaters und die Sicherung seiner Integrität auch ihre Überlebensgarantie.«[6] Das alles läßt sich übertragen auf das Verhältnis zwischen Sigmund und Anna Freud, das offensichtlich für beide Seiten befriedigend genug war, um es ein Leben lang aufrechtzuerhalten. Die Sicherheit der lebenslänglichen Tochterposition wird erkauft durch den Verzicht auf – unter anderem – eine autonome Sexualität, auf Lust, aber auch auf Aggression, die die Voraussetzung für konkurrentes Verhalten ist. Anna Freud trat immer bescheiden auf, als Statthalterin ihres Vaters, auch wenn sie ganz eigenständige Dinge machte. Sie blieb auch, so meinen ihre Biographinnen und Biographen, asexuell. Über ihr lebenslängliches Verhältnis zu Dorothy Burlingham wissen wir wenig, aber es heißt allgemein, es sei kein lesbisches gewesen – womit etwas vereinfachend gemeint ist, Anna Freud und Dorothy Burlingham hätten kein sexuelles Verhältnis gehabt. Lilian Faderman hat 1982 den Begriff der »Boston Marriage« geprägt;[7] gemeint ist damit eine innige (romantische) Freundschaft zwischen zwei Frauen vor dem 20. Jahrhundert, als es das Konzept der lesbischen Liebe noch nicht gab. Für Faderman sind solche Freundschaften lesbisch avant la lettre, denn die emotionale Bindung sei in einer Liebesbeziehung ausschlaggebend, nicht die (gelebte oder phantasierte) Sexualität, von der wir nicht wissen können, ob und wie sie stattfand, da es kein Konzept für Sexualität zwischen Frauen und also auch keine Sprache dafür gab. Wie auch immer man es nennen mag: Anna Freuds Beziehung zu Dorothy Burlingham war offensichtlich eng und intensiv und überdauerte viele Krisenzeiten. Mehr werden wir darüber nicht erfahren, und es ist vielleicht auch nicht wirklich wichtig, selbst wenn man sich wünschen könnte, daß Anna Freud in diesem Punkt etwas offener gewesen wäre.

Männer spielten für Anna Freud anscheinend gar keine Rolle, da gab es nur den übermächtigen Vater. Ihre berufliche Tätigkeit hielt sie (für ihn) gerade an der Grenze zum Erträglichen, denn sie verließ das Feld des Weiblich-Mütterlichen nicht, sondern weitete quasi ihre Tätigkeit als Erzieherin ein wenig aus. Indem sie, ganz klassisch, Kinder zu ihrem Thema machte, bewies sie ihre Weiblichkeit, die ja nur als Mütterlichkeit oder Töchterlichkeit vorgesehen war. So kollidierte sie nicht mit Freuds Ansichten über intellektuelle Frauen, die einen Männlichkeitskomplex hätten. Anna Freud hatte ein enges Verhältnis zu ihren Nichten und Neffen; sie zog die vier Kinder ihrer geschiedenen Freundin Dorothy Burlingham, die ab 1928 gemeinsam mit ihr in dem Haus der Freuds in der Berggasse 19 in Wien und den Rest ihres Lebens mit Anna Freud zusammen lebte, mit auf. Und sie arbeitete mit Kindern und forschte über Kinder. Als Kindertherapeutin und Ziehmutter (oder, wie wir heute sagen würden: Co-Mutter) konnte sie »Mutter« werden, ohne aus der Tochterrolle auszubrechen. Wenn sie später über die Kinder sprach, mit denen sie arbeitete, drückte sie sich übrigens interessanterweise geschlechtsneutral aus – niemals hat sie eine eigene Geschlechtertheorie entwickelt oder sich auch nur mit der Geschlechtertheorie ihres Vaters oder anderer gründlich und öffentlich auseinandergesetzt. Auch da mied sie vermintes Gelände (mag sein, daß es sie nicht interessierte, aber auch das wäre wohl nicht grundlos).

1923 eröffnete Anna Freud ihre eigene therapeutische Praxis und begann mit Kindern zu arbeiten. Schon 1922 war sie Mitglied in der Wiener Psychoanalytischen Vereinigung geworden, nachdem sie einen Vortrag über sogenannte Schlagephantasien gehalten hatte. Die Vereinigung war von Freud und einigen seiner Schüler ins Leben gerufen worden; sie war die wichtigste Fachvereinigung, zu der man gehören mußte, wollte man als AnalytikerIn ernst genommen werden. Anna Freud hatte zwar nie ein besonders gutes Verhältnis zu den verschiedenen Schülern ihres Vaters (und diese nicht zu ihr), aber sie arbeitete in der Wiener Institution intensiv mit, war ab 1931 deren Sekretärin (bereits seit 1926 der Internationalen Psychoanalytischen Vereinigung) und vertrat ihren Vater häufig auf Kongressen und bei anderen Anlässen, zum Beispiel als er 1930 den Goethe-Preis verliehen bekam und ihn aus Gesundheitsgründen nicht selbst entgegennehmen konnte oder auf der Beerdigung seiner eigenen Mutter.

Die Kinderanalyse entwickelte sich erst in den 1920er Jahren. Freud hatte gewissermaßen die Weichen dafür gestellt, als er die Bedeutung der Kindheit einschließlich der kindlichen Sexualität für die Psyche der Erwachsenen entdeckte. Kinderanalysen im eigentlichen Sinne hatte er nur sporadisch durchgeführt; er arbeitete lieber mit Erwachsenen. Anna Freud gehörte neben Melanie Klein zu den ersten Therapeuten, die sich systematisch mit Kindern und Jugendlichen befaßten und eine eigenständige Kinderpsychotherapie entwickelten – jede auf ihre Art und sehr verschieden von der anderen. Anna Freud erhob zwar nicht den Anspruch, eine neue Theorie entwickelt zu haben, sondern betonte immer, daß sie die Theorien ihres Vaters anwende. Dennoch eröffneten ihre

Forschungen neue Erkenntnisse nicht nur über Kinder, sondern über die menschliche Entwicklung insgesamt; und eben die war es, die ihr am Herzen lag. Die Theorien ihres Vaters veränderte sie unmerklich, aber konsequent. Sie machte sie leichter verständlich und auch für den Alltag nachvollziehbar, etwa in ihren Vorträgen für Lehrer und Erzieher oder in ihren Einführungen in die Psychoanalyse. Und sie gab ihnen eine ganz eigene Wendung: hin zum Praktischen, hin zum Verständnis des Menschen schlechthin auf der Grundlage der kindlichen Entwicklung.

Indem sie immer wieder die Unterschiede zwischen der Psyche des Kindes und der des Erwachsenen, zwischen der Behandlung von Kindern und der von Erwachsenen skizzierte, gelangte sie zu einer eigenen Theorie und Methodik der Kinderpsychoanalyse, die Freuds Auffassungen charakteristische und entscheidende Nuancen und Präzisierungen abgewannen. Auch insofern verhielt sie sich so, wie es oft als typisch für Frauen angesehen wird: Sie legte den Schwerpunkt nicht auf abstrakte Theorie, sondern auf die praktische Anwendbarkeit – was gesellschaftlich oft geringer geschätzt wird als die »reine« Theorie und doch oft der Zeit weiter voraus ist als diese und zeitgemäßer und moderner scheint.

Was Anna Freud schreibt, scheint so einfach, so selbstverständlich – und ist es doch ganz und gar nicht. Kindheit erscheint in ihren Schriften – wie schon in denen ihres Vaters – als eine schwere Aufgabe, die man meistern muß, als eine Zeit, die extrem störanfällig ist. Kindheit ist kein ungetrübtes Paradies der Harmonie und Elternschaft kein Garant für Güte; Mutterliebe ist entgegen der herrschenden Ideologie keineswegs natürlich gegeben. Kinder sind egoistisch, maßlos, gemein und gierig. Der

Erwachsene, so schreibt sie in ihren Vorträgen zur Kinderanalyse, sei ein reifes und unabhängiges Wesen, das Kind sei unreif und unselbständig.[8] Das erfordere eine andere Methode der Behandlung. Ihre eigene Aufgabe sieht sie als die einer Übersetzerin, die sich mit großer Geduld auf Kinder und deren andere Rhythmen und Bedürfnisse einstellt und ihre Andersartigkeit den Erwachsenen verständlich macht.

Die Bedeutung der Psychoanalyse für die Pädagogik, so schreibt sie, liege in drei Punkten: »Sie eignet sich zur Kritik der schon bestehenden Erziehungsformen. Als psychoanalytische Psychologie, als Lehre von den Trieben, vom Unbewußten, als Libidotheorie erweitert sie (...) die Menschenkenntnis des Erziehers und schärft sein Verständnis für die komplizierten Beziehungen zwischen dem Kind und dem erziehenden Erwachsenen. Als eine Behandlungsmethode schließlich, als Kinderanalyse, bemüht sie sich, Schäden wieder auszubessern, die dem Kind während des Erziehungsprozesses zugefügt wurden.«[9]

Die Schäden, die das Kind im Zivilisationsprozeß erleidet, scheinen unvermeidlich; die Psychoanalyse übt hier eine wichtige Funktion zur Prävention und Heilung aus. Aber das Ideal einer konfliktfreien Entwicklung scheint nirgendwo auf; Anna Freud ist viel zu tief überzeugt von der schwierigen Natur des Menschen und der Unvereinbarkeit von Kultur und Natur, um solchen Idealen anzuhängen. Dennoch ist ihrem Denken ein idealistischer Zug eigen. Wenn sie etwa Erwachsene als reif und selbständig schildert, dann hat sie offensichtlich ein Ideal vor Augen, das von wenigen Menschen jemals so absolut erreicht wird. Gerade die Psychoanalyse hat ja gezeigt, wie problematisch die menschliche Psyche auch dann noch ist, wenn der Mensch den Jahren nach längst erwachsen ist; ja, sie entstand überhaupt nur aus dem Bedürfnis, erwachsenen (und nicht kindlichen) Menschen zu mehr Reife zu verhelfen. Freud selbst wurde im Laufe seines Lebens immer pessimistischer, was das anging. Er begann als ein Aufklärer, berufen, Licht ins menschliche Dunkel zu bringen, und war fest davon überzeugt, daß dieser Prozeß sich nicht werde aufhalten lassen. Seine späten kulturkritischen Schriften zeigen ihn jedoch als jemanden, der davon überzeugt ist, daß die Zivilisation nur eine dünne Tünche über dem wilden Egoismus des eigentlichen Menschen ist. Anna Freud läßt sich ungeachtet ihrer Überzeugung von der ursprünglichen Wildheit und Grausamkeit der Kinder nicht von dem Glauben abbringen, daß das Ziel der individuellen Entwicklung – Reife und Vernunft – erreichbar sei.

Kein Wunder, daß in ihrer Theorie das Ich im Mittelpunkt steht. 1936 veröffentlichte Anna Freud ihr Hauptwerk »Das Ich und die Abwehrmechanismen«[10], das sie ihrem Vater zum 80. Geburtstag widmete. Sigmund Freud freute sich und beurteilte das Buch sehr positiv, obgleich Anna Freud darin einen der Hauptpfeiler seiner eigenen Theorie modifiziert: die Bedeutung des Es gegenüber dem Ich, also des Unbewußten gegenüber dem Bewußten. »Das Ich ist nicht Herr im eigenen Haus« gehört zu den berühmtesten Sätzen Freuds; er meint damit, daß der bewußte Anteil der menschlichen Psyche, von dem wir gern glauben, er mache uns aus, in Wahrheit nur der geringste sei. Der Mensch werde regiert von seinem Unbewußten. Zwar soll die Psychoanalyse bewirken, daß er immer aufgeklärter über sich selbst werde (»Wo Es ist, soll Ich werden«), aber das gelinge ihr nur unvollkommen.

Seine Tochter sieht die Dinge etwas anders. In ihrem überaus klaren, rationalen Text erklärt Anna Freud, die Konzentration der Psychoanalyse auf das Es sei überholt. »Das Objekt der psychoanalytischen Therapie waren von Anfang an das Ich und seine Störungen, die Erforschung des Es und seiner Arbeitsweise war immer nur Mittel zum Zweck. Und dieser Zweck war immer der gleiche: Aufhebung dieser Störungen und die Wiederherstellung der Intaktheit des Ichs.«[11] Auch Freud selbst habe in seinen späteren Studien (»Massenpsychologie und Ich-Analyse« oder »Jenseits des Lustprinzips«) das Ich wieder verstärkt ins Zentrum gerückt. »Seither läßt das Arbeitsprogramm der analytischen Forschung sich sicher nicht mehr mit dem Namen Tiefenpsychologie decken. Wir definieren gewöhnlich: Aufgabe der Analyse ist die möglichst weitgehende Kenntnis aller drei Instanzen, aus denen wir uns die psychische Persönlichkeit zusammengesetzt denken, die Kenntnis ihrer Beziehungen untereinander und zur Außenwelt. Das bedeutet auf das Ich bezogen: seine Inhalte, seine Ausdehnung, seine Funktionen und die Geschichte seiner Abhängigkeiten von Außenwelt, Es und Über-Ich. Auf das Es bezogen, heißt es: die Beschreibung der Triebe, also der Es-Inhalte und das Verfolgen der Triebumwandlungen.«[12] Nur mittels des Ichs erfahren wir überhaupt etwas über die beiden anderen Instanzen: das Es, in dem Chaos und das Streben nach Lust herrschen, und das Über-Ich, landläufig auch »Gewissen« genannt. Das Ich muß den Ansturm der Triebe aus dem Es vereinbaren mit den Anforderungen der Außenwelt und den ethischen und moralischen Vorstellungen, die das Über-Ich gebildet hat. Es ist aber vor allem »das Hin und Her (...) zwischen Ich und Es«, was den Gegenstand der Psychoanalyse ausmache. Nur indem die Analytikerin ihre Aufmerksamkeit auf die »unbewußten Abwehrtätigkeiten des Ichs« richtet, erfährt sie etwas über die Triebumwandlungen, also die Art und Weise, wie die Triebe modifiziert und in den Aufbau der Persönlichkeit eingebaut werden. Hier wird offensichtlich, daß es die gesamte Entwicklung des Menschen ist, die Anna Freud interessiert – und zwar, wie schon angesprochen, die Entwicklung zur Reife, zu einer mehr oder weniger harmonischen Persönlichkeit, die alle ihre (negativen wie positiven) Anteile ins Ganze integriert.

Anna Freud spricht über die verschiedenen Instanzen der Psyche – Es, Ich und Über-Ich – wie über Persönlichkeiten, die unabhängig voneinander agieren, einander ins Gehege kommen und auch nach außen klare Positionen einnehmen: Das Ich mag es zum Beispiel gar nicht, wenn der Analytiker sich in seine Arbeit mit dem Es einmischt, es wird dann zum Störenfried. Zum Bundesgenossen vermag es aber auch zu werden, wenn es seine Fähigkeit der Selbstbeobachtung einsetzt und sein Wissen über die anderen Instanzen mitteilt. Ziel des Analytikers ist es, alles Unbewußte bewußt zu machen, ganz gleich, welcher Instanz es angehört.[13] Das Ich ist dem Ansturm der Triebe am meisten ausgesetzt in der Kindheit, der Pubertät und im Klimakterium, jenen wichtigsten Umbruchzeiten der menschlichen Entwicklung, die von der Psychoanalyse bislang nicht in gleichem Maße ernst genommen worden seien.

Die Abwehr wird vom Ich gegen Triebansprüche eingesetzt, weil es diesen Triebansprüchen nicht nachgeben darf und deshalb Angst hat: entweder vor der Strenge des eigenen Gewissens oder, bei Kindern, vor den realen Verboten und Strafen der Eltern oder auch einfach vor der Stärke der Triebe, die das Ich zu überwältigen drohen. Und schließlich will der Erwachsene alle Regungen der Person in Übereinstimmung bringen, so daß sein Ich auch gewissermaßen aus Gründen des Harmoniestrebens die Abwehr gegen Triebe oder Affekte zu mobilisieren vermag. Kurz: Alle Abwehrmethoden dienen dem Kampf des Ichs mit seinem Triebleben und der harmonischen Integration aller Teile in die ganze Person, ganz gleich, auf welcher Stufe der menschlichen Entwicklung sie eingesetzt werden. Anna Freud entwickelt in ihrer Abhandlung ein abgerundetes, harmonisches Bild von der Entwicklung der menschlichen Persönlichkeit und ein klares Konzept von den Aufgaben und Methoden der Psychoanalyse als Helferin dieser Entwicklung. Kindheit und Jugend spielen darin eine Hauptrolle, wenn auch noch nicht die einzige Rolle; das wird sich in den folgenden Jahren ändern.

Sigmund Freud schätzt die Arbeit seiner Tochter sehr; er lobt in einem Brief vom 6. Januar 1935 an Lou Andreas-Salomé, »wie scharf, klar und unbeirrbar sie den Stoff bewältigt, wirklich unabhängig von mir, höchstens katalytisch dirigiert«. Er macht sich aber auch Sorgen um sie und meint, sie könne das Leben gar nicht genießen: »Sie macht es sich zu schwer, was wird sie anfangen, wenn sie mich verloren hat, ein Leben in asketischer Strenge?«[14] (Allerdings beklagt er später auch ihren trotz unstillbarer Arbeitslust mangelnden Ehrgeiz.) Es ist bezeichnend, wie sehr der Vater nicht nur die Arbeit, sondern das Wohlergehen seiner mittlerweile immerhin fast 40jährigen Tochter nur auf sich bezieht. Er weiß offensichtlich, daß er das Zentrum ihres Lebens ist, beziehungsweise womöglich wünscht er dieses nur. Daran ändert auch die Tatsache ihrer engen Beziehung zu Dorothy Burlingham nichts, mit der Anna Freud zusammen lebte und mit der sie ein paar Jahre zuvor sogar ein gemeinsames Wochenendhaus gekauft hatte.

Die beiden Frauen wohnten nicht nur, sie arbeiteten auch miteinander. 1937 übernahmen sie, gemeinsam mit zwei weiteren Frauen, die Leitung der Jackson Nurseries, einer Art Krippe für Kinder aus ärmeren Familien, die zugleich eine Fundgrube für Anna Freuds Kinderanalysen darstellte.

1938 marschierten deutsche Truppen in Österreich ein, und die Freuds, die bislang die durch die Nazis drohende Gefahr nicht in vollem Umfang erkannten (oder wahrhaben wollten), bekamen die Bedrohung zu spüren: Anna Freud wurde am 22. März verhaftet, verhört und zwar wieder freigelassen, aber der Entschluß, ins Exil zu gehen, war jetzt unausweichlich. Zusammen mit der Psychoanalytikerin Marie Bonaparte sichtete Anna Freud die Unterlagen ihres Vaters. Die Familie mußte größere Geldsummen aufbringen, um die Bibliothek und die Antiquitäten mitnehmen zu dürfen; es dauerte seine Zeit, bis die »Unbedenklichkeitsbescheinigung« da war. Um all das kümmerte sich Anna Freud; der Vater war durch Krankheit und Alter an jeglicher Aktivität gehindert. Im Mai und Juni reiste die Familie Freud – Vater, Mutter, Tante, Brüder, Dorothy –, nach London, wo sie erst ein provisorisches, Monate später ein endgültiges Heim bezogen. Freuds Schwestern, die in Wien geblieben waren, kamen im Konzentrationslager um.

Freud lebte noch über ein Jahr in der neuen Umgebung, immer schwächer, kränker und abhängiger von seiner Tochter, die ihn so gut wie nie verließ, weil er ohne sie nicht mehr zurechtkam. Am 23. September 1939, kurz nach Beginn des Krieges, starb er. Dorothy Burlingham vermutet ein halbes Jahr später in einem Brief, der

Tod des jahrelang schwerkranken und von ihr abhängigen Vaters müsse bei aller Trauer etwas Befreiendes gehabt haben. Freud hatte jedenfalls unrecht, als er befürchtete, Anna werde sich nach seinem Tod nur noch asketischer Strenge hingeben.

Von 1940 bis1945 führte sie mit Dorothy Burlingham zusammen die Hampstead War Nurseries, Kinderheime für englische Kinder, die vom Krieg betroffen waren, weil die Eltern tot oder an der Front waren beziehungsweise das Kind evakuiert werden mußte, da es am Wohnort zu gefährlich wurde, die Mutter aber nicht ihren Arbeitsplatz verlassen konnte. Anna Freud schreibt über das Trauma verlassener Kinder, es sei ganz gleichgültig, ob ein Kind echte Waise sei oder nur (selbst vorübergehend) verlassen. Der Schock sei derselbe, weil es den Unterschied gar nicht ermessen könne. Für das Kind sei ein länger abwesendes Elternteil so gut wie gestorben. Kein Wunder sei es daher, daß ein Kind, wenn die Eltern schließlich zurückkehrten, fremdele. Oberflächlich gesehen, scheine es die Eltern vergessen zu haben, tatsächlich sei die Zuneigung des Kindes aufgrund der erlittenen Enttäuschung verändert, und es ausdrucksunfähig geworden. Der Krieg mache es aber nötig, Kinder von ihren Eltern zu trennen und sie zu evakuieren, denn anders als die Erwachsenen könnten Kleinkinder unter derartigen Extrembedingungen nicht überleben. Letzten Endes sei es aber nicht die Trennung von den Eltern als solche, die das Kind traumatisiere, sondern die Art und Weise, wie diese vollzogen werde. Habe das Kind ausreichend Zeit, sich abzufinden, komme es ganz gut damit zurecht.

Für Anna Freud war die Arbeit in den Nurseries nicht nur eine Möglichkeit praktischer Hilfeleistung, sondern sie bot zugleich eine optimale Chance zur Forschung.

Vieles davon schlug sich in den Monatsberichten nieder, die sie verfassen mußte und die sie später in dem Buch »Anstaltskinder« zusammenfaßte (1944 auf englisch, zusammen mit Dorothy Burlingham).[15] Dabei handelt es sich um eine grundlegende Studie über den Unterschied in der Entwicklung von Kindern, die in Familien, und solchen, die im Heim groß werden. Damit ist das Buch aber zugleich eine umfassende Psychologie des Kindes, die in nuce eine Psychologie des Menschen enthält. Denn Anna Freuds Grundannahmen über die Natur des Menschen und seine Fähigkeit, sich – beispielsweise – vom uneingeschränkten Eigennutz der frühen Jahre hin zu echtem Altruismus zu entwickeln, werden hier entfaltet und untermauert. Auch für ihr Ideal von der intakten Familie als »natürlicher Lebensform« findet sie, wie sie meint, Belege: Anstaltskinder spielen Familie wie alle anderen Kinder auch, die Knaben entwickeln typisch männliche Verhaltensweisen und die Mädchen weibliche. »Die zur Familienkonstellation gehörigen Gefühlseinstellungen und die davon abhängigen Verhaltensweisen sind in den Kindern latent vorhanden und bereit, jederzeit manifest zu werden.«[16] Damit wird nicht mehr und nicht weniger behauptet, als daß die traditionellen Geschlechterbilder und -hierarchien natürlich und die bürgerliche Familie der naturgegebene Zustand der Dinge sei, der sich mehr oder weniger von selbst entwickele, auch wenn die Kinder keine Vorbildfamilien haben – eine heute zweifellos recht problematische Annahme. Im Interesse der Lebenserklärungsstrategie der Anna Freud mögen solche Äußerungen durchaus noch eine besondere Funktion haben, legitimieren sie doch rückblickend die eigene Familienstruktur und ihr eigenes Leben als Tochter. Damit wird wiederum die Familientheorie ihres Vaters indirekt bestätigt.

Ihre Methoden zur Psychoanalyse von Kindern hatte Anna Freud schon viel früher entwickelt. In den »Vier Vorträgen für Lehrer und Eltern« erarbeitete sie die wesentlichen Unterschiede zwischen der Arbeit mit Erwachsenen und der mit Kindern.[17] Die Freiwilligkeit etwa, mit der sich die Erwachsenen in Behandlung begäben, und die Einsicht in ihren Krankheitszustand entfallen bei Kindern völlig. Das Kind muß also zunächst analysierbar gemacht werden. Das geschieht auf unterschiedliche Weise, zum Beispiel, indem die Analytikerin das Vertrauen des Kindes erringt und sich einem Menschen aufdrängt, »der der Meinung war, sehr gut ohne mich fertig werden zu können«.[18]

Anna Freud weiß sehr wohl um die Problematik ihres in gewissem Sinne durchaus gewaltsamen Verfahrens (wenn auch zum Besten des Kindes), und sie reflektiert diese. Aber, so schließt sie, letzten Endes gehe es in der Analyse immer um Macht und Autorität, und sie selbst habe nur Ansätze eines Verhaltens weiterentwickelt (und, so könnte man hinzufügen, deutlich ausgesprochen), das alle Analytiker, ohne es zu thematisieren, ihren Patienten gegenüber an den Tag legen.[19]

Problematisch sei die Anwendung der zentralen Methoden der Psychoanalyse. Das Kind habe noch kein echtes Über-Ich entwickelt; sein Gewissen funktioniere nur so lange, wie die für es wichtige Bezugsperson da sei: Es folge nämlich mehr deren Gesetzen als den eigenen, verinnerlichten. Daher müsse der Analytiker die Stelle des Ich-Ideals einnehmen und auf diese Weise das Kind beherrschen, bevor er es befreien könne. Von der mangelnden Übertragung war schon die Rede. Ein Haupthindernis für die Analyse sei die Weigerung von Kindern, frei zu assoziieren. Wenn man es statt dessen zeichnen oder spielen lasse, könne man gute Ergebnisse erzielen, aber da dem Kind die Zielvorstellung fehle (nämlich das Wissen darum, in Analyse zu sein, was jede freie Assoziation unweigerlich beeinflusse), könne man keineswegs direkt übersetzen, was man wahrnehme: »Auch bei Erwachsenen halten wir uns ja nicht für berechtigt, jeder seiner Handlungen oder jedem seiner Einfälle einen symbolischen Sinn zu unterlegen, sondern nur den unter dem Einfluß der von ihm akzeptierten analytischen Situation entstandenen.«[20] Anna Freud ist hier schon weit entfernt von der Methode, die ihr Vater in seinen frühen Fallgeschichten anwandte, in denen er dazu neigte, den Patientinnen seine Deutungen aufzudrängen und Deutungen zu entwickeln, die gewissermaßen absolute Gültigkeit beanspruchten. Die Psychoanalyse hat sich seit diesen Anfängen weiterentwickelt und eine Genauigkeit der Methode erarbeitet, die mittlerweile zur Norm geworden ist. Ein letzter wichtiger Punkt ist, daß die Krankengeschichte nicht vom Patienten selbst, sondern von dessen Eltern berichtet wird, was ein hohes Maß an Ungenauigkeit zur Folge habe. Die Traumdeutung bleibe zwar gleich, sei aber wegen der kürzeren Vergangenheit erheblich weniger umfangreich.

Die Sprache, die hier verwendet wird, klingt zuweilen erschreckend gewalttätig. Sie entspricht einem bestimmten Tenor in manchen frühen Werken Sigmund Freuds. Sie legt Zeugnis von dem realen Machtgefälle in vielen analytischen Situationen ab, dessen sich Anna Freud allerdings bewußt ist. Während ihr Vater es als gegeben voraussetzt, reflektiert sie es, aber weniger, um es in Frage zu stellen, sondern um es als Notwendigkeit zu legitimieren. Anna Freud geht von der Prämisse aus, daß das Kind »schmutzig und unappetitlich« sei; »es scheut sich nicht, auch das Ekelhafteste anzugreifen oder sogar zum Mund zu führen«, es sei schamlos, gefräßig, grausam und destruktiv. Mit einem solchen Geschöpf müsse man als Analytikerin »kämpfen«, um es zu einem zivilisierten Erwachsenen zu machen, der den Anforderungen der Umwelt genügen könne. Sie müsse Macht zum Besten des Kindes ausüben; nur so könne das Kind überhaupt überleben.

Sie will die Kinder aber nicht zum Bravsein erziehen, denn der Preis dafür sei, wie man oft genug beobachten könne, der Verlust von Ursprünglichkeit, Energie, ja schließlich der Begabung selbst. Es geht für die Erzieher ebenso wie für die Analytikerinnen also darum, die Gratwanderung zwischen Dressur und fördernder Domestizierung zu schaffen. In jedem Fall müsse, so betont sie, der Erzieher seine eigenen Konflikte kennen, um sie nicht auf das Kind zu projizieren.

Anna Freud wandte ihre Erkenntnisse unablässig in der praktischen Arbeit an und modifizierte die Theorie durch die praktischen Erfahrungen. Sie arbeitete gern mit Kindern. Sie wußte, wie wichtig es gerade für die Kriegskinder war, emotionale Bindungen aufzubauen; das zu ermöglichen war eines der Anliegen der Nurseries. Sie verstand es, die Nurseries zu institutionalisieren und sie trotz großer Finanznöte am Leben zu halten. Auch in die Nachbarschaft wurden sie integriert; Anna Freud und Dorothy Burlingham luden die Nachbarn zur Besichtigung ein und nahmen damit allen Beschwerden über Ruhestörungen, die bei achtzig Kindern im Haus kaum zu vermeiden waren, den Wind aus den Segeln.

Anna Freud gab, während sie ihre Kindertherapie und -psychologie vorantrieb, in den 1940er Jahren die ersten Gesammelten Werke Sigmund Freuds heraus. 1947 fing sie an, in den Hampstead Courses Kinderanalytiker auszubilden. 1950 begann die Serie ihrer Ehrendoktorwürden (Clark University, Sheffield, Chicago, Frankfurt/Main, Columbia University, Yale) und Vortragsreisen durch die USA und Europa. Aber erst 1971 kehrte sie noch einmal nach Wien zurück. 1972 wurde ihr die Ehrendoktorwürde der Universität Wien verliehen. Sie wurde 1955 Ehrenmitglied der New Yorker Psychoanalytischen Gesellschaft und der Niederländischen Vereinigung für Psychiatrie und Neurologie und 1973 Ehrenpräsidentin der Internationalen Psychoanalytischen Vereinigung, 1967 Commander of the British Empire; 1975 erhielt sie das Ehrenzeichen für Verdienste um die Republik Österreich. Ihre Gesammelten Werke begannen 1968 auf englisch zu erscheinen, auf deutsch 1980. In den 1970er Jahren verfaßte sie mit einem Juristen (Joseph Goldstein) und einem Psychoanalytiker (Albert J. Solnit) zusammen schließlich noch drei große Abhandlungen über die Problematik staatlicher Eingriffe in die Eltern-Kind-Beziehung beziehungsweise in das Kindeswohl: »Jenseits des Kindeswohls«, 1974; »Diesseits des Kindeswohls«, 1979; »In the Best Interest of the Child«, 1985 postum.

Ihre Mutter war bereits 1951 gestorben. Schlimmer traf sie vermutlich 1979 der Tod ihrer Freundin Dorothy Burlingham in ihrem gemeinsamen Haus. Im März 1982 erlitt Anna Freud einen Schlaganfall; sie starb im Oktober 1982.

Mit Anna Freud bin ich am Ende meines Buches angekommen – und zugleich wieder am Anfang. Denn ihre Geschichte (so wie ich sie lese) ist exemplarisch für die Verquickung der patriarchalen Struktur der Wissenschaft selbst mit dem Leben der Wissenschaftlerinnen, die alle Porträts wie ein roter Faden durchzieht. Die Psychoanalyse reflektiert das Verhältnis von Frauen und Männern, von Töchtern und Vätern nicht nur nebenbei oder rein metaphorisch, sondern macht es zu einem ihrer zentralen Themen. Sie gibt ein Verhaltensmuster vor, das sie als universell gültige Wahrheit betrachtet, aber nicht nur das: Ihre eigene Struktur (die Art und Weise, wie sie betrieben wird) entspricht diesem Verhaltensmuster. Es ist ihr quasi eingeschrieben. So wirft Anna Freuds Geschichte rückblickend ein Licht auf die anderen Biographien, die ich erzählt habe, das heißt auf die unauflösliche Vater-Tochter-Bindung im Leben der Wissenschaftlerinnen, die ihre wissenschaftliche Arbeit meist erst ermöglicht hat und die auf einer abstrakteren Ebene reflektiert wird durch die Theorien und Ergebnisse der Wissenschaften selbst. Bei Anna Freud wird das deshalb besonders deutlich, weil die Wissenschaft, die sie betrieb, ganz explizit eine Wissenschaft über Väter und Töchter ist, statt, wie die anderen Wissenschaften, auf einer allgemeineren Ebene das Geschlechterverhältnis festzulegen und vorzuschreiben.

ANMERKUNGEN

EINLEITUNG

1 Gertrud Lehnert: Frauen in der Wissenschaft. In: Mitteilungen der Alexander-von-Humboldt-Stiftung 68 (1996), S. 15–24.
2 Vgl. Carolyn Merchant: Der Tod der Natur. Ökologie, Frauen und neuzeitliche Naturwissenschaft, München 1987; Evelyn Fox Keller: Liebe, Macht und Erkenntnis. Männliche oder weibliche Wissenschaft? Frankfurt a. M. 1998; Londa Schiebinger: Schöne Geister. Frauen in den Anfängen der modernen Wissenschaft, Stuttgart 1993; Dies.: Am Busen der Natur. Erkenntnis und Geschlecht in den Anfängen der Wissenschaft, Stuttgart 1995; Donna J. Haraway: Die Neuerfindung der Natur. Primaten, Cyborgs und Frauen, hg. u. eingel. v. Carmen Hammer u. Immanuel Stieß, Frankfurt a. M./New York 1995; Elvira Scheich: Naturbeherrschung und Weiblichkeit, Pfaffenweiler 1993; Elvira Scheich/Barbara Orland (Hg.): Das Geschlecht der Natur. Feministische Beiträge zur Geschichte und Theorie der Naturwissenschaften, Frankfurt a. M. 1992.

ZUR GESCHICHTE DER WISSENSCHAFT

1 Paolo Rossi: Die Geburt der modernen Wissenschaft in Europa, München 1997, S. 71.
2 Bund-Länder-Kommission für Bildungsplanung und Forschungsförderung (Hg.): Frauen in Führungspositionen an Hochschulen und außerhochschulischen Forschungseinrichtungen. Siebte Fortschreibung des Datenmaterials, Heft 109, Bonn 2003.

1 Maria Sibylla Merian: Das Insektenbuch. Metamorphosis Insectorum Surinamensium. Mit einem Kommentar v. Helmut Deckert, Frankfurt a. M. 1991, S. 7.

2 Helmut Kaiser: Maria Sibylla Merian. Eine Biographie, München/Zürich 1999, S. 23.

3 Heidrun Ludwig: Das »Raupenbuch«. Eine populäre Naturgeschichte. In: Wettengl, Kurt (Hg.): Maria Sibylla Merian 1647–1717. Künstlerin und Naturforscherin, Ostfildern-Ruit 1997 (Katalog zur Ausstellung »Maria Sibylla Merian [1647 bis 1717]. Künstlerin und Naturforscherin zwischen Frankfurt und Surinam« im Historischen Museum Frankfurt a. M. vom 18. 12. 1997 bis 1. 3. 1998), S. 53–67, hier: S. 57.

4 Helmut Deckert: Zwischen Kunst und Wissenschaft. Die Werkleistung der Maria Sibylla Merian. In: Maria Sibylla Merian: Das Insektenbuch. Metamorphosis Insectorum Surinamensium, a. a. O., S. 131–160, hier: S. 133.

5 Dieter Kühn: Frau Merian! Eine Lebensgeschichte, Frankfurt a. M. 2002.

6 Vgl. hierzu: Sam Segal: Maria Sibylla Merian als Blumenmalerin. In: Wettengl, Kurt (Hg.): Maria Sibylla Merian 1647 bis 1717, a. a. O., S. 69–87.

7 Vgl. hierzu: Wettengl, Kurt (Hg.): Maria Sibylla Merian 1647 bis 1717, a. a. O., S. 167 und 119.

8 Heidrun Ludwig: Das »Raupenbuch«. In: Wettengl, Kurt (Hg.): Maria Sibylla Merian 1647–1717, a. a. O., S. 53 ff.

9 Vgl. z. B. Dieter Kühn, Frau Merian! a. a. O., S. 69. Zu den Unterschieden zu Goedaert: Wettengl, Kurt (Hg.): Maria Sibylla Merian 1647–1717, a. a. O.

10 Heidrun Ludwig: Das »Raupenbuch«. In: Wettengl, Kurt (Hg.): Maria Sibylla Merian 1647–1717, a. a. O., S. 58.

11 Heidrun Ludwig: Das »Raupenbuch«. In: Wettengl, Kurt (Hg.): Maria Sibylla Merian 1647–1717, a. a. O., S. 60.

12 Londa Schiebinger: Schöne Geister, a. a. O.

13 Horst Bredekamp: Antikensehnsucht und Maschinenglauben.

Die Geschichte der Kunstkammer und die Zukunft der Kunstgeschichte, Berlin 2000, S. 16. Vgl. hierzu auch: Wolf Lepenies: Das Ende der Naturgeschichte. Wandel kultureller Selbstverständlichkeiten in den Wissenschaften des 18. und 19. Jahrhunderts, München 1976.

14 Roelof van Gelder: Zwischen Kunst, Kommerz, Liebhaberei und Wissenschaft. In: Wettengl, Kurt (Hg.): Maria Sibylla Merian 1647–1717, a. a. O., S. 136–150.

15 Svetlana Alpers: Kunst als Beschreibung. Holländische Malerei des 17. Jahrhunderts, Köln 1998, S. 27.

16 Ebd., S. 33.

17 Maria Sibylla Merian: Briefe. In: Wettengl, Kurt (Hg.): Maria Sibylla Merian 1647–1717, a. a. O., S. 262–269, hier: S. 263.

18 Vgl. hierzu: Heidrun Ludwig: Das »Raupenbuch«. In: Wettengl, Kurt (Hg.): Maria Sibylla Merian 1647–1717, a. a. O.

19 Rossi: Die Geburt der modernen Wissenschaft in Europa, a. a. O.

20 Maria Sibylla Merian: Briefe, a. a. O., S. 264.

21 Maria Sibylla Merian: Das Insektenbuch, a. a. O., S. 8.

22 Ebd., S. 28.

23 Ebd., S. 32.

24 Ebd., S. 40.

25 Ebd., S. 96.

26 Ebd., S. 60.

27 Ebd., S. 22.

28 Ebd., S. 80.

29 Ebd., S. 98.

30 Ebd., S. 14.

31 Ebd., S. 20.

32 Ebd., S. 8.

33 Maria Sibylla Merian: Briefe, a. a. O., S. 266.

34 Margarete Pfister-Burkhalter: Maria Sibylla Merian. Leben und Werk 1647–1717, Basel 1980, S. 60.

35 Maria Sibylla Merian: Das Insektenbuch, a. a. O., S. 7.

36 Margarete Pfister-Burkhalter: Maria Sibylla Merian, a. a. O., S. 67.

DOROTHEA LEPOTIN-ERXLEBEN

1 So lautet der Originaltitel der Berliner Ausgabe von 1742.

2 Zit. nach der neu bearbeiteten Ausgabe Dorothea Erxleben: Gründliche Untersuchung der Ursachen, die das weibliche Geschlecht vom Studieren abhalten. Begleitet und mit einem biographischen Vorwort von Gudrun Gründken, Zürich/ Dortmund 1993, S. 105.

3 Renate Feyl: Der lautlose Aufbruch. Frauen in der Wissenschaft, Köln 1994, S. 87.

4 Dorothea Erxleben: Gründliche Untersuchung, a. a. O., S. 22.

5 Ebd., S. 37.

6 Ebd., S. 95.

7 Ebd., S. 57.

8 Ebd., S. 56.

9 Ebd., S. 47.

10 Ebd., S. 81.

11 Ebd., S. 86.

12 Ebd., S. 87.

13 Ebd., S. 89.

14 Ebd., S. 86.

EMILIE DU CHÂTELET

1 »Jamais femme ne fut si savante qu'elle, & jamais personne ne mérita moins qu'on dît d'elle, C'est une femme savante: elle ne parloit jamais de science qu'à ceux avec qui elle croyait pouvoir s'instruire, & jamais n'en parla pour se faire remarquer.« Préface historique. In: [Isaac Newton:] Principes mathématiques de la philosophie naturelle, traduit par Madame la Marquise Du Chastellet, 2 Bde., Paris 1759, Reprint, Sceaux 1990, S. X–XIII, hier: S. X (dt. Übersetzung v. Gertrud Lehnert).

2 Emilie du Châtelet: Les lettres de la Marquise de Châtelet, hg. v. Theodor Bestermann, 2 Bde., Genf 1958, Bd. II, Brief

Nr. 315, 1743 (alle folgenden Briefe Madame du Châtelets nach dieser Ausgabe zitiert; dt. Übersetzung v. G. L.).

3 Madame du Châtelet's Preface to her Translation of the Fable of the Bees. Zit. nach: Ira O. Wade: Voltaire et Madame du Châtelet. An Essay on the Intellectual Activity at Cirey, Princeton 1941, S. 227–233, hier: S. 231 (dt. Übersetzung v. G. L.).

4 Ebd., S. 231.

5 Ebd., S. 227.

6 Emilie du Châtelet: Les lettres, a. a. O., Bd. I, Brief Nr. 1, Dezember 1733.

7 Ebd., Brief Nr. 10, Januar 1734.

8 Ebd., Brief Nr. 12, April 1734.

9 Ebd., Brief Nr. 20, August 1734.

10 Ebd., Brief Nr. 21, 6./7. Oktober 1734.

11 Françoise de Graffigny, Correspondance de Madame de Graffigny, préparée par English Showalter, Oxford 1985, Brief Nr. 61 an Devaux vom 5./6. Dezember 1738 (dt. Übersetzung der Zitate von Mme de Graffigny v. G. L.).

12 Emilie du Châtelet: Les lettres, a. a. O., Bd. I, Brief Nr. 52, Januar 1736.

13 Françoise de Graffigny, Correspondance, a. a. O., Brief Nr. 62 an Devaux, 9./10./11. Dezember 1738.

14 Ebd., Brief vom 4. Dezember 1738.

15 Ebd., wahrscheinlich Brief vom 9. Dezember 1738.

16 Ebd., Brief vom 12. Dezember 1738.

17 Zu der Zusammenarbeit vgl. das kluge und ausführliche Buch von Ira O. Wade: Voltaire et Madame du Châtelet, a. a. O.

18 Françoise de Graffigny, Correspondance, a. a. O., Brief Nr. 91 vom 12. Februar 1739.

19 Ebd., Brief vom 5. Dezember 1738.

20 Zitiert nach Theodor Besterman: Notes préliminaires, in: Emilie du Châtelet: Les lettres, a. a. O., Bd. I, S. 9–27, hier: S. 13.

21 Vgl. z. B.: Ira O. Wade: Voltaire et Madame du Châtelet, a. a. O., oder Theodor Besterman: Notes préliminaires. In: Emilie du Châtelet: Les lettres, a. a. O., Bd. I, S. 9–27.

22 Emilie du Châtelet: Les lettres, a. a. O., vgl. z. B. Brief vom 16. Februar 1739.

23 Ebd., Brief vom 10. Januar 1738.

24 Elisabeth Badinter: Emilie, Emilie. L'ambition féminine au 18ième siècle, Paris 1983.

25 Françoise de Graffigny, Correspondance, a. a. O., Brief vom 15. Dezember 1738.

26 Emilie du Châtelet: Institutions physiques (1740). Nouvelle édition corrigée & augmentée considérablement par l'auteur, Amsterdam 1742, Reprint, Hildesheim 1988, S. 12.

27 Ebd., S. 40.

28 Elisabeth Badinter: Emilie, Emilie, a. a. O., S. 287.

29 Ebd., S. 295.

30 Emilie du Châtelet: Institutions physiques, a. a. O., S. 51.

31 Emilie du Châtelet: Les lettres, Bd. I, Brief Nr. 229, Dezember 1739.

32 Ebd., Bd. II, Anm. S. 17 zum Brief Nr. 239 an Friedrich II. vom 11. Juni 1740.

33 Elisabeth Badinter: Emilie, Emilie, a. a. O., S. 426 f.

34 Emilie du Châtelet: Les lettres, a. a. O., Bd. II, Anm. S. 28 zum Brief Nr. 248 an Friedrich II. vom 8. September 1740.

35 Ebd., Brief Nr. 311.

36 Ebd., Brief Nr. 313, 13. Oktober 1743.

37 Elisabeth Badinter: Emilie, Emilie, a. a. O., S. 423.

38 Emilie du Châtelet: Les lettres, a. a. O., Bd. II, Brief Nr. 347.

39 Emilie du Châtelet: Rede vom Glück. Mit einer Anzahl Briefe der Madame du Châtelet an den Marquis de Saint-Lambert, übers. u. hg. v. Iris Roebling, Berlin 1999, S. 4.

40 Ebd., S. 21.

41 Emilie du Châtelet: Les lettres, a. a. O., Bd. II, Brief Nr. 370, April 1748.

42 Ebd., Brief Nr. 374, 3. April 1849.

43 Ebd., Brief Nr. 454 an die Marquise de Boufflers-Remiencourt, 3. April 1849.

44 Préface historique. In: [Isaac Newton:] Principes mathématiques de la philosophie naturelle, a. a. O., S. V–XIII, hier S. XIII.

CAROLINE HERSCHEL

1 Caroline Herschel, Memoiren und Briefwechsel (1750–1848), hg. v. Frau John Herschel, Berlin 1877, S. 17. Zur Biographie vgl. auch: Constance A. Lubbock: The Herschel Chronicle. The Life-Story of William Herschel and his sister Caroline Herschel, Cambridge 1933.

2 Vgl. z. B.: Charlotte Kerner: Die Kometenjägerinnen. In: Emma (Januar/Februar 2001), S. 78–85, oder Andrea Dobson/ Katherine Bracher: A Historical Introduction to Women in Astronomy. In: Mercury. The Journal of the Astronomical Society of the Pacific (Januar/Februar 1992), S. 4–15.

3 Caroline Herschel, Memoiren und Briefwechsel, a. a. O., S. 174.

4 Ebd., S. 26.

5 Ebd., S. 321.

6 Ebd., S. 69.

7 Ebd.

8 Ebd., S. 47.

9 Ebd., S. 48.

10 Ebd., S. 65.

11 Ebd., S. 66.

12 Ebd., S. 94.

13 Ebd., S. 95.

14 Ebd., S. 121.

15 Marilyn Bailey Ogilvie: Caroline Herschel's Contributions to Astronomy. In: Annals of Science, Bd. 32 (1975), S. 149–161.

16 Caroline Herschel, Memoiren und Briefwechsel, a. a. O., S. 98.

17 Ebd., S. 157.

18 Ebd., S. 165.

MARIE CURIE

1 »Hier j'ai fait le premier cours en remplacement de mon Pierre. Quel navrement et quel désespoir! Tu aurais été heureux de me voir professer en Sorbonne, et moi-même je l'aurais si volon-

tiers fait pour toi. – Mais le faire à ta place, ô mon Pierre, pouvait-on rêver une chose plus cruelle, et comme j'en ai souffert, et comme je me sens découragée.« In: Marie Curie: Pierre Curie. Suivi d'une étude sur »Les carnets de laboratoire« par Irène Joliot-Curie. Nouvelle édition augmentée par le Journal de Marie Curie (1906–1907), Paris 1996, S. 187 (dt. Übersetzung v. G. L.).

2 »Dont je me souviens aujourd'hui et que je verrai s'effacer de plus en plus dans ma mémoire; déjà le souvenir est trouble et incertain. Oh! Combien je maudis ce manque de mémoire visuelle qui fait que je ne puis arriver à me faire une image visible de ce qui est disparu.« In: Marie Curie, Journal, a. a. O., S. 177.

3 Vgl. zum folgenden: Eve Curie: Madame Curie, Frankfurt a. M. 1994; Robert Reid: Marie Curie. Biographie, Düsseldorf 1980; Ulla Fölsing; Marie Curie. Wegbereiterin einer neuen Naturwissenschaft, München 1990; Peter Ksoll/Fritz Vögtle: Marie Curie. Mit Selbstzeugnissen und Bilddokumenten, Reinbek 1988.

4 Ulla Fölsing; Marie Curie, a. a. O., S. 7.

5 Marie Curie, Marie Sklodowska-Curie, Leipzig o. J., S. 8.

6 Ebd., S. 10.

7 Ebd., S. 16.

8 Zit. nach: Peter Ksoll/Fritz Vögtle: Marie Curie, a. a. O., S. 27.

9 Ebd., S. 25.

10 Ebd., S. 27.

11 Ebd., S. 19.

12 Ebd., S. 20 und 22.

13 Vgl. zu Pierre Curie sowie zur Zusammenarbeit des Ehepaars: Marie Curie, Journal, a. a. O.

14 Marie Curie, Marie Sklodowska-Curie, a. a. O., S. 24.

15 Robert Reid: Marie Curie, a. a. O.

16 Marie Curie, Marie Skłodowska-Curie, a. a. O., S. 26.

17 »The capability of emitting, spontaneously as it seems, these marvellous rays.« In: Nobel Lectures. Physics 1901–1921. Including presentation speeches and laureates' biographies, London/Amsterdam 1967, S. 50.

18 Marie Curie, Marie Skłodowska-Curie, a. a. O., S. 34.

19 Ebd., S. 35.

20 Nobel Lectures. Physics, a. a. O., S. 50.

21 1. Mose 2,18. In: Die Bibel oder die ganze Heilige Schrift des Alten und Neuen Testaments nach der Übersetzung Martin Luthers. Stuttgart 1981, S. 8.

22 »Tu sortais, tu étais pressé, je m'occupais des enfants, tu es parti, me demandant d'en bas si j'allais au laboratoire, Je t'ai répondu que je n'en savais rien et je t'ai prié de ne pas me tourmenter. Et c'est là-dessus que tu es parti, et la dernière phrase que je t'ai adressée n'a pas été une phrase d'amour et de tendresse. Et je ne t'ai revue que mort.« In: Marie Curie, Journal, a. a. O., S. 175.

23 »Je ne conçois plus rien qui puisse me donner une vraie joie personnelle sauf peut-être le travail scientifique; et encore non, car si je réussissais, je serais navrée que tu n'en saches rien. Mais ce laboratoire me fait comme une illusion de conserver un restant de ta vie et les marques de ton passage.« Ebd., S. 186.

24 Peter Ksoll/Fritz Vögtle: Marie Curie, a. a. O., S. 89.

25 Robert Reid: Marie Curie, a. a. O.

26 Ebd., S. 162.

27 »In recognition of the part she has played in the development of chemistry: by the discovery of the chemical elements radium and polonium; by the determination of the properties of radium and by the isolation of radium in its pure metallic state; and finally, by her research into the compounds of this remarkable element.« In: Nobel Lectures. Chemistry 1901–1921. Including Presentation Speeches and Laureates' Biographies, London 1966, S. 199.

28 Marie Curie, Nobelpreisrede. Ebd., S. 202 f.

29 »And which we might well call the chemistry of the imponderable.« Ebd., S. 211.

30 Marie Curie, Marie Skłodowska-Curie, a. a. O., S. 53.

31 Peter Ksoll/Fritz Vögtle: Marie Curie, a. a. O., S. 119.

LISE MEITNER

1 Fritz Krafft: Lise Meitner (7. 11. 1878 – 27. 10. 1968). In: Frauen in den exakten Wissenschaften. Festkolloquium zum 100. Geburtstag von Frau Dr. Margarethe Schimank (1890 bis 1983), hg. v. Wilhelm Schmidt und Christoph J. Scriba, Stuttgart 1990, S. 32–70.

2 Renate Feyl: Lise Meitner. In: Dies.: Der lautlose Aufbruch, a. a. O., S. 199–214, hier: S. 199.

3 Zit. nach: Patricia Rife: Lise Meitner. Ein Leben für die Wissenschaft, Hildesheim 1992, S. 41.

4 Zit. nach: Fritz Krafft: Lise Meitner, a. a. O., S. 44 f.

5 Patricia Rife: Lise Meitner, a. a. O., S. 117.

6 Fritz Krafft: Lise Meitner, a. a. O., S. 47 ff.

7 Lise Meitner, Brief an Otto Hahn vom 5. Dezember 1938, zit. nach: Patricia Rife: Lise Meitner, a. a. O., S. 249.

8 Fritz Krafft: Lise Meitner, a. a. O., S. 34.

9 Ebd., S. 36; Patricia Rife: Lise Meitner, a. a. O., S. 251 ff.

10 Ebd., S. 282.

11 Ebd., S. 294.

12 Fritz Krafft: Lise Meitner, a. a. O., S.54 f.

13 Ebd., S. 56.

14 Ebd., S. 49, Anm. 26.

ANNA FREUD

1 Herbert Hunger: Lexikon der griechischen und römischen Mythologie, Reinbek 1959.

2 Elisabeth Young-Brühl: Anna Freud, Wien 1995, S. 73.

3 Christa Rohde-Dachser: Expedition in den dunklen Kontinent. Weiblichkeit im Diskurs der Psychoanalyse, Frankfurt a. M. 1997, S. 122.

4 Anna Freud: Einführung in die Psychoanalyse. Vier Vorträge für Kinderanalytiker und Lehrer. In: Dies., Die Schriften der Anna Freud in 10 Bänden, Frankfurt a. M. 1987, Bd. I, S. 3 bis 190, hier: S. 51.

5 Ebd., S. 53.

6 Christa Rohde-Dachser: Expedition in den dunklen Kontinent, a. a. O., S. 122.

7 Lillian Faderman: Surpassing the Love of Men Romantic Friendship and Love between Women from the Renaissance to the Present, New York 1981.

8 Anna Freud: Einführung in die Psychoanalyse, a. a. O., S. 12.

9 Ebd., S. 133.

10 Anna Freud: Das Ich und die Abwehrmechanismen. In: Dies., Die Schriften der Anna Freud in 10 Bänden, a. a. O., Bd. I, S. 191–355.

11 Ebd., S. 198.

12 Ebd.

13 Ebd., S. 221.

14 Sigmund Freud/Lou Andreas-Salomé: Briefwechsel, Frankfurt a. M. 1966, S. 222.

15 Anna Freud, Anstaltskinder. In: Dies., Die Schriften der Anna Freud in 10 Bänden, a. a. O., Bd. III, S. 879–1003.

16 Ebd., S. 995.

17 In: Anna Freud: Einführung in die Psychoanalyse, a. a. O.

18 Ebd., S. 18.

19 Ebd., S. 28.

20 Ebd., S. 45.

BIBLIOGRAPHIE

GESAMTDARSTELLUNGEN

Alpers, Svetlana: Kunst als Beschreibung. Holländische Malerei des 17. Jahrhunderts, Köln 1998

Baasner, Rainer: Das Lob der Sternkunst. Astronomie in der deutschen Aufklärung, Göttingen 1987

Bennholdt-Thomsen, Anke/Guzzoni, Alfredo: Gelehrsamkeit und Leidenschaft. Das Leben der Ernestine Christine Reiske 1735 bis 1798, München 1992

Dies.: Gelehrte Arbeit von Frauen. Möglichkeiten und Grenzen im Deutschland des 18. Jahrhunderts. In: Querelles. Jahrbuch für Frauenforschung 1 (1996), Stuttgart/Weimar 1996, S. 48–76

Blochmann, Elisabeth: Das Frauenzimmer und die Gelehrsamkeit. Eine Studie über die Anfänge des Mädchenschulwesens in Deutschland, Heidelberg 1966

Bovenschen, Silvia: Die imaginierte Weiblichkeit. Exemplarische Untersuchungen zu kulturgeschichtlichen und literarischen Präsentationsformen des Weiblichen, Frankfurt a. M. 1979

Bredekamp, Horst: Antikensehnsucht und Maschinenglauben. Die Geschichte der Kunstkammer und die Zukunft der Kunstgeschichte, Berlin 2000

Bund-Länder-Kommission für Bildungsplanung und Forschungsförderung (Hg.): Frauen in Führungspositionen an Hochschulen und außerhochschulischen Forschungseinrichtungen. Siebte Fortschreibung des Datenmaterials, Heft 109, Bonn 2003

Butler, Judith: Das Unbehagen der Geschlechter, Frankfurt a. M. 1991

Costas, Ilse: Der Zugang von Frauen zu akademischen Karrieren. Ein internationaler Überblick. In: Hänztschel, Hiltrud/Bußmann, Hadumond (Hg.): Bedrohlich gescheit. Ein Jahrhundert Frauen und Wissenschaft in Bayern, München 1997, S. 15–34

Daston, Lorraine: Wunder, Beweise und Tatsachen. Zur Geschichte der Rationalität, Frankfurt a. M. 2001
Denz, Cornelia (Hg.): Von der Antike bis zur Neuzeit – der verleugnete Anteil der Frauen an der Physik. Ausstellungskatalog, Darmstadt 1996

Faderman, Lillian: Surpassing the Love of Men. Romantic Friendship and Love between Women from the Renaissance to the Present, New York 1981
Feyl, Renate: Sein ist das Weib, Denken der Mann. Ansichten und Äußerungen für und wider die gelehrten Frauen, Köln 1991
Dies.: Der lautlose Aufbruch. Frauen in der Wissenschaft, Köln 1994
Foucault, Michel: Die Ordnung der Dinge, Frankfurt a. M. 1974
Ders.: Archäologie des Wissens, Frankfurt a. M. 1981
Ders.: Überwachen und Strafen. Die Geburt des Gefängnisses, Frankfurt a. M. 1994

Hänztschel, Hiltrud: Zur Geschichte der Habilitation von Frauen in Deutschland. In: Dies./Bußmann, Hadumond: Bedrohlich gescheit. Ein Jahrhundert Frauen und Wissenschaft in Bayern, München 1997, S. 84–104
Hänztschel, Hiltrud/Bußmann, Hadumond: Bedrohlich gescheit. Ein Jahrhundert Frauen und Wissenschaft in Bayern, München 1997
Hahn, Barbara (Hg.): Frauen in den Kulturwissenschaften. Von Lou Andreas-Salomé bis Hannah Arendt, München 1994
Hamel, Jürgen: Geschichte der Astronomie. Von den Anfängen bis zur Gegenwart, Basel 1998
Haraway, Donna J.: Primate Visions. Gender, Race, and Nature in the World of Modern Science, London 1992

Dies.: Die Neuerfindung der Natur. Primaten, Cyborgs und Frauen, hg. u. eingel. v. Carmen Hammer u. Immanuel Stieß, Frankfurt a. M./New York 1995

Dies.: Monströse Versprechen. Coyote-Geschichten zu Feminismus und Technowissenschaft, Hamburg u. a. 1995

Dies.: Modest Witness Second Millennium. Femaleman Meets Oncomouse, Feminism and Technoscience, New York u. a. 1997

Hardach-Pinke, Irene: Die Gouvernante. Geschichte eines Frauenberufs, Frankfurt a. M./New York 1993

Harding, Sandra: Feministische Wissenschaftstheorie. Zum Verhältnis von Wissenschaft und sozialem Geschlecht, Hamburg 1990

Dies.: Das Geschlecht des Wissens. Frauen denken die Wissenschaft neu, Frankfurt a. M. u. a. 1994

Harding, Sandra/O'Barr, Jean (Hg.): Sex and Scientific Inquiry, Chicago 1987

Hausen, Karin/Novotny, Helga (Hg.): Wie männlich ist die Wissenschaft? Frankfurt a. M. 1986

Honnegger, Claudia/Wobbe, Theresa (Hg.): Frauen in der Soziologie. Neun Porträts, München 1998

Hunger, Herbert: Lexikon der griechischen und römischen Mythologie, Reinbek 1974

Keller, Evelyn Fox: Woman Scientists and Feminist Critiques of Science. In: Daedalus, Bd. 116 (1987), S. 77–91

Dies.: Feminist Perspectives on Science Studies. In: Science, Technology, and Human Values, Bd. 13 (1988), S. 235–249

Dies.: Secrets of Life, Secrets of Death. Essays on Language, Gender and Science, New York 1992

Dies.: Liebe, Macht und Erkenntnis. Männliche oder weibliche Wissenschaft? Frankfurt a. M. 1998

Krauss, Marita: ›Man denke sich nur die junge Dame im Seziersaal … vor der gänzlich entblößten männlichen Leiche.‹ Sozialprofil und Berufsausübung weiblicher Ärzte zwischen Kaiserreich und Republik. In: Häntzschel, Hiltrud/Bußmann, Hadumond: Bedrohlich gescheit. Ein Jahrhundert Frauen und Wissenschaft in Bayern, München 1997, S. 139–151

Kuhn, Thomas: Die Struktur wissenschaftlicher Revolutionen, Frankfurt a. M. 1976

Laqueur, Thomas: Auf den Leib geschrieben. Die Inszenierung der Geschlechter von der Antike bis Freud, Frankfurt a. M./New York 1992

Lagrange, E.: Les Femmes-Astronomes. In: Ciel et terre, Bd. 5 (1885), S. 513–527

Lehnert, Gertrud: Frauen in der Wissenschaft. In: Mitteilungen der Alexander–von–Humboldt-Stiftung 68 (1996), S. 15–24.

Lepenies, Wolf: Das Ende der Naturgeschichte. Wandel kultureller Selbstverständlichkeiten in den Wissenschaften des 18. und 19. Jahrhunderts, München 1976

Merchant, Carolyn: Der Tod der Natur. Ökologie, Frauen und neuzeitliche Naturwissenschaft, München 1987

Riviere, Joan: Weiblichkeit als Maskerade. In: Weissberg, Liliane (Hg.): Weiblichkeit als Maskerade, Frankfurt a. M. 1994, S. 34–47

Rossi, Paolo: Die Geburt der modernen Wissenschaft in Europa, München 1997

Scheich, Elvira: Naturbeherrschung und Weiblichkeit, Pfaffenweiler 1993

    Dies. (Hg.): Vermittelte Weiblichkeit. Feministische Wissenschafts- und Gesellschaftstheorie, Hamburg 1996

Scheich, Elvira/Orland, Barbara (Hg.): Das Geschlecht der Natur. Feministische Beiträge zur Geschichte und Theorie der Naturwissenschaften, Frankfurt a. M. 1992

Schiebinger, Londa: Schöne Geister. Frauen in den Anfängen der modernen Wissenschaft, Stuttgart 1993

    Dies.: Am Busen der Natur. Erkenntnis und Geschlecht in den Anfängen der Wissenschaft, Stuttgart 1995

    Dies.: Frauen forschen anders. Wie weiblich ist die Wissenschaft? München 2000

Shapin, Steven: Die wissenschaftliche Revolution, Frankfurt a. M. 1998

Steinbrügge, Lieselotte: Vom Aufstieg und Fall der gelehrten Frau. Einige Aspekte der »Querelle des femmes« im 18. Jahrhundert. In: lendemains. Zeitschrift für Frankreichforschung und Französischstudium, Bde. 25/26 (1982), S. 157–167

Vogt, Annette: Vom Hintereingang zum Hauptportal. Wissenschaftlerinnen in der Kaiser-Wilhelm-Gesellschaft, Reprint 67 (Max-Planck-Gesellschaft für Wissenschaftsgeschichte), Berlin 1997

Woolf, Virginia: Ein Zimmer für sich allein, Frankfurt a. M. 1981

MARIA SIBYLLA MERIAN

Kaiser, Helmut: Maria Sibylla Merian. Eine Biographie, München/Zürich 1999

Kühn, Dieter: Frau Merian! Eine Lebensgeschichte, Frankfurt a. M. 2002

Merian, Maria Sibylla: Das Insektenbuch. Metamorphosis Insectorum Surinamensium. Mit einem Kommentar v. Helmut Deckert, Frankfurt a. M. 1991

Pfister-Burkhalter, Margarete: Maria Sibylla Merian. Leben und Werk 1647–1717, Basel 1980

Rücker, Elisabeth: Maria Sibylla Merian, Würzburg 1967 (=Fränkische Lebensbilder, hg. v. Gerhard Pfeiffer, Bd. 1)

Wettengl, Kurt (Hg.): Maria Sibylla Merian 1647–1717. Künstlerin und Naturforscherin, Ostfildern-Ruit 1997 (Katalog zur Ausstellung »Maria Sibylla Merian [1647–1717]. Künstlerin und Naturforscherin zwischen Frankfurt und Surinam« im Historischen Museum Frankfurt a. M. vom 18. 12. 1997 bis 1. 3. 1998)

DOROTHEA CHRISTIANE
LEPORIN-ERXLEBEN

Leporin-Erxleben, Dorothea Christiane: Gründliche Untersuchung der Ursachen, die das weibliche Geschlecht vom Studiren abhalten, Darin deren Unerheblichkeit gezeiget, und wie möglich, nöthig und nützlich es sey, Daß dieses Geschlecht der Gelahrtheit sich befleisse, umständlich dargelegt wird von Dorotheen Christianen Leporinin. Nebst einer Vorrede ihres Vaters D. Christiani Polycarpi Leporin, Med. Pract. in Quedlinburg. Berlin 1742. (Reprint, mit einem Nachwort von Gerda Rechenberg, Hildesheim/Zürich/New York 1987)

Leporin-Erxleben, Dorothea: Gründliche Untersuchung der Ursachen, die das weibliche Geschlecht vom Studieren abhalten. Begleitet und mit einem biographischen Vorwort von Gudrun Gründken, Zürich/Dortmund 1993

EMILIE DU CHÂTELET

Badinter, Elisabeth: Emilie, Emilie. L'ambition féminine au 18ième siècle, Paris 1983

Châtelet, Emilie du: Institutions physiques (1740). Nouvelle édition corrigée & augmentée considérablement par l'auteur, Amsterdam 1742, Reprint, Hildesheim 1988
[Châtelet, Emilie du]: Dissertation sur la nature et la propagation du feu, Paris 1744
Châtelet, Emilie du: Les lettres de la Marquise du Châtelet, hg. v. Theodor Bestermann, 2 Bde., Genf 1958
Châtelet, Emilie du: Rede vom Glück. Mit einer Anzahl Briefe der Madame du Châtelet an den Marquis de Saint-Lambert, übers. u. hg. v. Iris Roebling, Berlin 1999

Ehrmann, Esther: Mme du Châtelet, Leamington 1986

Graffigny, Françoise de: Correspondance de Madame de Graffigny, préparée par English Showalter, Oxford 1985

Janik, Linda Gardiner: Searching for the metaphysics of sience: the structure and compostion of madame du Châtelet's Institutions de physique, 1737–1740. In: Studies in Voltaire and the eighteenth century, Bd. 201 (1982), S. 85–113

[Newton, Isaac]: Principes mathématiques de la philosophie naturelle, traduit par Madame la Marquise Du Chastellet, 2 Bde., Paris 1759, Reprint, Sceaux 1990 [darin: Châtelet, Emilie du: Exposition abrégée du système du monde, et explication des principaux phénomènes astronomiques tirée des Principes de M Newton]

Taton, René: Madame du Châtelet, traductrice de Newton. In: Archives internationales d'histoire des sciences, Bd. 22 (1969), Nr. 86–89, S. 185–210

Wade, Ira: Voltaire et Madame du Châtelet. An Essay on the Intellectual Activity at Cirey, Princeton 1941

CAROLINE LUCRETIA HERSCHEL

Dobson, Andrea/Bracher, Katherine: A Historical Introduction to Women in Astronomy. In: Mercury. The Journal of the Astronomical Society of the Pacific (Januar/Februar 1992), S. 4–15

Herschel, Caroline: Memoiren und Briefwechsel (1750–1848), hg. v. Frau John Herschel, Berlin 1877
Hoskin, Michael/Warner, Brian: Caroline Herschel's Comet Sweepers. In: JHA, XII (1981), S. 27–34

Kerner, Charlotte: Die Kometenjägerinnen. In: Emma (Januar/Februar 2001), S. 78–85

Lubbock, Constance A.: The Herschel Chronicle. The Life-Story of William Herschel and his sister Caroline Herschel, Cambridge 1933

Ogilvie, Marilyn Bailey: Caroline Herschel's Contributions to Astronomy. In: Annals of Science, Bd. 32 (1975), S. 149–161

MARIE CURIE

Curie, Eve: Madame Curie, Frankfurt a. M 1994
Curie, Marie: Correspondance. Choix de lettres (1905–1934), hg. v. Gilette Ziegler, Paris 1974
Curie, Marie: Pierre Curie. Suivi d'une étude sur »Les carnets de laboratoire« par Irène Joliot-Curie. Nouvelle édition augmentée par le Journal de Marie Curie (1906–1907), Paris 1996
Curie, Marie: Marie Sklodowska-Curie, Leipzig o. J.

Fölsing, Ulla: Marie Curie. Wegbereiterin einer neuen Naturwissenschaft, München 1990

Ksoll, Peter/Vögtle, Fritz: Marie Curie. Mit Selbstzeugnissen und Bilddokumenten, Reinbek 1988

Nobel Lectures. Chemistry 1901–1921. Including Presentation Speeches and Laureates' Biographies, London 1966
Nobel Lectures. Physics 1901–1921. Including Presentation Speeches and Laureates' Biographies, London/Amsterdam 1967

Reid, Robert: Marie Curie. Biographie, Düsseldorf 1980

LISE MEITNER

Feyl, Renate: Lise Meitner. In: Dies.: Der lautlose Aufbruch. Frauen in der Wissenschaft, Köln 1994, S. 199–214.

Krafft, Fritz: Lise Meitner (7. 11. 1878 – 27. 10. 1968). In: Frauen in den exakten Wissenschaften. Festkolloquium zum 100. Geburtstag von Frau Dr. Margarethe Schimank (1890–1983), hg. v. Wilhelm Schmidt und Christoph J. Scriba, Stuttgart 1990, S. 32–70

Rife, Patricia: Lise Meitner. Ein Leben für die Wissenschaft, Hildesheim 1992

Stolz, Werner: Otto Hahn – Lise Meitner, Leipzig 1983 (=Biographien hervorragender Naturwissenschaftler, Techniker und Mediziner, Bd. 64)

ANNA FREUD

Freud, Anna: Die Schriften der Anna Freud in 10 Bänden, Frankfurt a. M. 1987

Freud, Sigmund: Aus den Anfängen der Psychoanalyse 1887–1902. Briefe an Wilhelm Fliess, Frankfurt a. M. 1962

Freud, Sigmund: Studienausgabe, hg. v. Alexander Mitscherlich, Angela Richards, James Strachey, Ilse Grubrich-Simitis, Frankfurt a. M. 1969 ff.

Freud, Sigmund/Lou Andreas-Salomé: Briefwechsel, Frankfurt a. M. 1966

Kurzweil, Edith: Freud und die Freudianer. Geschichte und Gegenwart der Psychoanalyse in Deutschland, Frankreich, England, Österreich und den USA, Stuttgart 1993

Mertens, Wolfgang: Psychoanalyse. Geschichte und Methoden, München 1997

Rohde-Dachser, Christa: Expedition in den dunklen Kontinent. Weiblichkeit im Diskurs der Psychoanalyse, Frankfurt a. M. 1997

Salber, Wilhelm: Anna Freud. Mit Selbstzeugnissen und Bilddokumenten, Reinbek 1997

Ders.: Sigmund und Anna Freud, Hamburg 1999

Schlesier, Renate: Konstruktionen der Weiblichkeit bei Sigmund
Freud. Zum Problem von Entmythologisierung und Remytholo-
gisierung in der psychoanalytischen Theorie, Frankfurt a. M. 1981

Young-Brühl, Elisabeth: Anna Freud, Wien 1995